破人性困局

韩非子教你博弈之道

张守春——著

台海出版社

图书在版编目（CIP）数据

破人性困局 ：韩非子教你博弈之道 / 张守春著 .
北京 ：台海出版社，2024.9.-- ISBN 978-7-5168
-4003-0

Ⅰ . B226.55

中国国家版本馆 CIP数据核字第 2024MU7868号

破人性困局：韩非子教你博弈之道

著　　者：张守春

责任编辑：赵旭雯　　封面设计：末末美书
封面插画：面善兄　　版式设计：夏　天

出版发行：台海出版社
地　　址：北京市东城区景山东街 20 号　　邮政编码：100009
电　　话：010-64041652（发行，邮购）
传　　真：010-84045799（总编室）
网　　址：www.taimeng.org.cn/thcbs/default.htm
E-mail：thcbs@126.com

经　　销：全国各地新华书店
印　　刷：天津旭非印刷有限公司
本书如有破损、缺页、装订错误，请与本社联系调换

开　　本：710毫米 ×1000毫米　　1/16
字　　数：220千字　　印　　张：16
版　　次：2024 年 9 月第 1 版　　印　　次：2024 年 9 月第 1 次印刷
书　　号：ISBN 978-7-5168-4003-0

定　　价：59.80 元

目录

CONTENTS

第三章　主道：领导之道在于退静 / 023

第四章　有度：用人技巧 / 036

序：法、术、势的博弈

很多人都知道韩非子的大名，也听说过“外儒内法”这个词，可见法家的现实影响很大。而韩非子作为法家思想的集大成者，深刻影响了中国人的思考和行为模式。

尽管如此，提到法家，人们仍会觉得那都是治国之术，与我们的日常生活有什么关系呢？其实不全是这样。法家的商鞅进行的确实是奖励耕战、富国强兵等宏观层面的研究，但韩非子不同。商鞅研究整体框架，韩非子侧重人与人的关系，可以说，二人是法家的两个不同学派，韩非子学说也被称为“申韩之术”。

韩非子的思维方式有两点：第一是收集大量的成败案例，第二是进行总结给出对策。这些案例和对策，核心领域是君臣博弈、君子小人博弈等（比如《三守》《备内》谈君臣之间的三种攻守，《八经》《八奸》的君子和小人各自的八种博弈策略），这其实是人际交往中关于对抗、合作的学问，因此更有普适性。

博弈论研究的是互动关系中的对策，寻找双方和多方竞争中的最优策略，本质上是一套最优化的解决问题的方法，也就是实现最优平衡点（纳什平衡）的博弈策略，而《韩非子》一书的本质就是研究这一博弈领域。

比如，本书从《韩非子》中分析总结出的：低调，是为了博弈中的信息保密；退静，是先发招者对自己的策略规律进行隐蔽，以免被对手预测和利用；暗中查验、密报等术，是信号博弈，建立我方的不确定性而制住多方博弈者；势，是势博弈，按照一个趋势多次叠加必然得到一个优势解。这些都是法、术、势。此外，还涉及君主、贤人、小人三方博弈的规律和技巧等。这些都可以借鉴指导我们在工作生活中的竞争与合作，适用范围大到企业内，小到夫妻间。

博弈论虽然是在20世纪由冯·诺依曼和他的学生纳什开创的学科，但是博弈关系在人类起源时期就已经出现了。韩非子的学说主体就是聚焦这个领域。

举例来说，在韩非子看来，在君臣上下级博弈中，臣子通过拉帮结派，形成的势力是很大的，而国君只有一人，怎么控制他们呢？臣子互相交结，异口同声赞誉谁，谁就上位，而君主靠着个人感受判断，就只有被蒙蔽的份儿。

韩非子给出的解决办法就是：针对这个臣子，你说了什么话，我就看你做成什么样，对了就依法来赏，错了就罚。这是博弈中的“一报还一报”策略（博弈论专家阿纳托尔·拉波波特创立的正义策略），这属于合作进化的策略，即自己是利他的，信任对方的，但对方接下来的任何一次细小的背叛都会遭到报复，从而促使对立双方展开合作。这种博弈策略就是为了达成社交关系中鼓励合作、惩罚剥削的目的。

同时可以看出，韩非子这里说的“法”，不是国家层面的法律，而是社交层面的“约”，服务于社交个体的博弈关系。因此，虽然同属法家，但他和商鞅有很大的区别。

韩非子，在古代被称为韩子，字非，是战国末期的人。在公元前233年（战国结束于公元前221年），韩非子作为韩国贵族，只身出使秦国，试图劝阻秦王政（也就是秦始皇）灭韩。秦王看了韩非子的文章，赞赏道："寡人恨不能得与此人同游，死而无恨。"韩非子确实为韩国争取到了两三年的时间。

韩非子的思想主宰了"有秦一代"，是秦始皇的冥冥之师，并在其后两千年间对中国社会产生了极大影响。韩非子一言而为天下法，传世恒远。

《韩非子》的通行本共计五十五篇，十万多字。本书作为对《韩非子》的一种解读，在内容上有以下两个特点：

第一，把每篇原文分成几个主题，每个主题下包括原文、我的解读和故事案例讲解。这种解读既依照原文字句，又强调领会、提炼段落逻辑中的含义和智慧。个别原文中存在着语意重叠和骈文铺排的文句，因为重复，我就去掉了，以免它掩盖语意的重点。

第二，《说林》上下两篇和《外储说》左上、左下、右上、右下四篇是韩非子学派收集的用于写说理文的小故事，都属于游说用的资料故事，它们没有明确的主题，所以删去了这六篇。但其中有个别故事与韩非子的主旨相关，我把它改引到其他篇章中作为案例（书中做了备注）。《喻老》《解老》是韩非子解读老子的篇章，与主题关系不大，也去掉了。

一些篇章是侧重谈以法治国的（如《亡征》《五蠹》《心度》），还有批评和诘难儒家等学派的（如《显学》《忠孝》《难一》到《难四》《六反》），因为与本书主题关系小，也删去了。留下来的基本都是有实用性的。

此外，在《韩非子》的中后部，有几篇可能是韩非子学派的后学写的，和主体篇章意思重复，就没有取。其中，《安危》《人主》谈的是君主不防范臣子的可怕后果，《用人》《诡使》《大体》是谈以法治国和赏罚的重要性，这些都是前面主体篇章已反复谈过的，内容高度重复，且写得比较理论化，所以这五篇就删去了。

还有这种情况，一些篇章中的部分段落也是重复的，比如《奸劫弑臣》

中后半部分的大量段落的意思，在其他篇章中已反复强调过，所以删去了。总之，考虑到本书的紧凑性和让读者高效阅读精华之目的，以上说的部分篇章和个别篇章中的重复段落，没有纳入本书。

这样的取舍终究遗憾。在此盼本书出版后，如受各位读者喜爱，我可以将剩余内容整理成册，作为第二部出版。

第一章
难言：与领导沟通难在哪

1 对上沟通的禁忌

[原文]

臣非非难言也，所以难言者：言顺比滑泽，洋洋纚纚[①]然，则见以为华而不实；敦祗恭厚，鲠固慎完，则见以为掘而不伦；多言繁称，连类比物，则见以为虚而无用；总微说约，径省而不饰，则见以为刿而不辩；激急亲近，探知人情，则见以为谮而不让；闳大广博，妙远不测，则见以为夸而无用；家计小谈，以具数言，则见以为陋；言而近世，辞不悖逆，则见以为贪生而谀上；言而远俗，诡躁人间，则见以为诞；捷敏辩给，繁于文采，则见以为史；殊释文学，以质信言，则见以为鄙；时称诗书，道法往古，则见以为诵。此臣非之所以难言而重患也。

[作者智解]

我韩非子不是不会说，之所以难以说，是如果讲得滔滔不绝，非常滑泽，国君就会觉得我华而不实。如果我讲得吭吭哧哧，国君又觉得我笨拙，不伦不类。

---

① 读 xǐ。这里的原字其实是绞丝旁加一个“丽”，现在的输入法和字体文件打不出来，读音和意思与纚相同。本书所选取原文均参照 2010 年中华书局版《韩非子》。

（在表达的方式上，过于流畅，人家觉得我说得不实用；过于结巴，人家觉得我木讷，所以要适度，语速不能太快或太慢。）

如果我说得繁复，连用了很多类比，就觉得我讲得太虚，没有实用。如果我说得特简约，径直地讲，不加修饰，又觉得我没有文辩性。

（这里是针对写的。如果用很多排比骈文，倒是有气势和华丽，但是辞章胜过了道理。写了一大段，也只是一个小意思反复地重复。如果把这个“小意思”的论点干巴巴地摆出来，又说我没文采。）

如果我说得特激烈，很直接，把对方的心底话都说出来，对方会觉得我冒犯和不知避讳。如果说的是家常小事，对方又觉得我鄙陋。如果说得很合世俗的道理，中规中矩，对方觉得我是贪图得到好处而讨好迎合上级。如果说得和世俗有距离，奇怪诡谲，对方又觉得我荒诞。如果思维敏捷，辩驳很快，很有文采，对方又觉得我像个书生似的。放弃文饰，说得质朴，觉得我鄙陋。经常引用诗书，列举古代，觉得我是在背诵。这是我觉得对上级难言的地方啊。

延伸论据：商鞅劝说秦孝公——抛弃大道理

一般见君主，是先写一篇文章，君主对内容感兴趣，再见面谈，所以以上的“言”，应该是兼指谈和写，甚至是侧重写。

上面谈了很多关于说（或写）的沟通中的多个纠结之处，这些恐怕没有终极选择。有华丽铺排的文风，有只讲干货的文风，有言辞激烈耿直的文风，有中庸的文风，有求奇（与世俗有距离）的文风，有质朴的文风，有大量引用的文风。每一种文章或说辞，突出了某一特色，自然就不具备另一极端。想要全都兼顾，则又没了特色，留不下印象。

所以，我认为，倒不必真认为韩非子这是纠结，重点在于适合阅读者的口味。

最后一句，韩非子说“时时引用诗书道理，则近乎背诵”，这是对的。光讲大道理，上级不爱听，比如史料上记载的商鞅说秦孝公的故事。

当初，秦孝公下令求贤，商鞅就向西去了秦国。经过秦孝公的宠臣景监的介绍，见到孝公。商鞅对着秦孝公陈说了半天，秦孝公听得直打瞌睡。等商鞅走后，秦孝公骂了景监一顿：“你推荐的这是个什么糊涂人啊，哪值得用！”景监回去就责备商鞅，商鞅却说：“我跟他说了些帝道，但是他不懂啊。”

有时候，我们也会有这样的怨气，我写的报告都是正经大道理，是他看不懂，这是本能反应。但是，商鞅没有固执于此，下次见面时，商鞅讲了些霸道、强国之术。秦孝公大悦，膝盖都不知不觉向前移下了席子。二人谈了三天三夜，兴奋得饭都顾不上吃。就这样，秦孝公任用了商鞅。

帝道和王道，就是儒家修德、施惠这些道理，理论上也成立，但是用功需时太久，不合于战国形势。而霸道，就是春秋时代齐桓公、晋文公这些霸主的成功之路，就是各种富国强兵的有效政策，秦孝公很爱听这些。

儒家的帝道、王道是从天道出发，推导出仁义的准则，然后推行，如果经过实践检验，也可以是正确的。但它是抽象的先验主义。霸道则是经验主义，来自五霸的具体案例，总结出的实际方法。相比之下，后者的体系更受秦昭王喜爱。知识的这两种来源不同，应用价值和效果也不同。

韩非子说，经常引用诗书，列举古代事件，只会让人觉得你在背诵。其中，诗书说的往往是抽象道理，古代案例则是经验，这体现了两种知识来源的兼顾。但把它们列出来，还得能结合现实分析，否则不算活学活用，就是背书，于是沟通也是失败的。

写的报告文辞铺排，或者观念奇诡，这都不代表好，因为这只是抽象理论和泛泛的案例，它没有后续的深刻结合实际的分析。所以只能用文辞铺排和求怪来弥补其空洞，用激烈的直言来弥补道理的实用性不足。相反，只要内容确实有干货，适当讲究下逻辑和文饰，就是很好的报告了。

2 分析得再正确，领导未必听

[原文]

故度量虽正，未必听也；义理虽全，未必用也。故子胥善谋而吴戮之，仲尼善说而匡围之，管夷吾实贤而鲁囚之。故此三大夫岂不贤哉？而三君不明也。上古有汤，至圣也；伊尹，至智也。夫至智说至圣，然且七十说而不受，身执鼎俎为庖宰，昵近习亲，而汤乃仅知其贤而用之。

[作者智解]

你分析得正确，但他未必听从；义理都很全，但他未必用。比如，从前伍子胥善于出谋划策，但是被吴王夫差杀掉；孔子很能说，结果在匡邑遭受围困；管仲很贤，但在鲁国做了阶下囚。

这三个人岂是不贤能，都是那三个国君不明。上古的商王商汤是个圣人，聪明绝顶的伊尹去游说商汤，说了七十次都不听，他就去当了商汤的厨子。靠着在身边关系亲昵了，商汤才逐渐知道他是贤人，最终接受和任用了他。

延伸论据：伍子胥——你要注意的不止领导，还有同事

这里，除了说和写的内容，能否得到领导的信任，还和你与领导的关系有关。我们结合文中提到的伍子胥的例子，来说一下。

吴王夫差和越王勾践打仗，勾践战败。勾践无奈，派大夫文种去吴军营中请和。

夫差心比较软，意欲答应。旁边的伍子胥赶忙劝阻："勾践这个人亲而务施，颇能交结贤人，我们和越国接壤，世代为仇，有它无我，有我无它。我们必须彻底消灭越国，否则反受其害。切勿答应他！"

勾践贿赂了吴国的太宰伯嚭。伯嚭收了好处，故意说应该讲和："与其跟勾践决战，冒着玉石俱焚的危险，不如接受他投降，让他上贡，国家获利。"

伍子胥的反驳，说得很有道理。他说勾践是个贤君，文种、范蠡都是良臣，放他们回去的话，必定生乱。"我们攻克了越国而不把它纳入自己的版图，敌寇也不会感谢我们，反倒增长了他们的仇恨，别说求霸不可能了，将来后悔都来不及了。"

伯嚭说："如果你担心这个，那我们把勾践等人扣留在我国，不就可以了吗？"

争论的结果是伯嚭的意见被采纳，伍子胥失败。后来，因为伍子胥总是反对吴王夫差，吴王夫差干脆杀了伍子胥。伍子胥讲得有道理，但是伯嚭更得夫差信任，这怎么比？与上级关系的建设基础，是在"说"之前的工作。

3 劝说失败的危险

[原文]

故曰：以至智说至圣，未必至而见受，伊尹说汤是也；以智说愚必不听，文王说纣是也。故文王说纣而纣囚之；翼侯炙；鬼侯腊；比干剖心；梅伯醢；夷吾束缚；而曹羁奔陈；伯里子道乞；傅说转鬻；孙子膑脚于魏；吴起抆泣于岸门，痛西河之为秦，卒枝解于楚；公叔痤言国器反为悖，公孙鞅奔秦；关龙逢斩；苌弘分胣；尹子阱于棘；司马子期死而浮于江；田明辜射；宓子贱、西门豹不斗而死人手；董安于死而陈于市；宰予不免于田常；范雎折胁于魏。此十数人者，皆世之仁贤忠良有道术之士也，不幸而遇悖乱暗惑之主而死。然则虽贤圣不能逃死亡避戮辱者，何也？则愚者难说也，故君子难言也。且至言忤于耳而倒于心，非贤圣莫能听，愿大王熟察之也。

［作者智解］

聪明的人说圣人尚且如此，聪明的人说傻子就更不听了，周文王劝说商纣王就是这样。周文王劝说纣王，反被纣王囚禁；翼侯干脆被火烤了；鬼侯被做成肉干。此外，比干被剖了心，梅伯被做成肉酱，管仲被逮捕，曹羁逃奔至陈国，百里奚沦落到要饭，傅说被转卖。

还有，孙膑被砍了脚；吴起被罢官哭着离开西河郡，最终被楚国肢解；公叔痤推荐贤人，魏惠王却说他是脑袋昏了；关龙逢被杀；苌宏被断肠；尹子陷于荆棘；司马子期被投到江中；田明被分尸；宓子贱、西门豹不和别人打架但是被杀死；董安于被陈尸市场；宰予被田常杀死；范雎在魏国被打折肋骨。这十几个人都是仁贤忠良有道术的人，遇到昏乱的国君，都落了难。为什么他们这么倒霉呢？因为愚蠢的人是很难被说服的，所以君子就难言了。

（以上列举的大量名人劝谏失败的例子中，有些并不是因为说而自身失败，比如周文王不是因为劝谏而被抓。这里就不详细区分了。）

真正顶级的好话是忤于人耳的，是叫人心里不舒服的。除了圣贤，谁肯听呢？希望大王们认真想想这些。

（以上这段内容，自身就是个劝谏策略。强调只有聪明的领导才能听从意见，对愚蠢的人是没用的。除了圣贤，谁能听意见呢？说完这些，再开始提建议，也许效果会不一样吧。因为这些铺垫，本身就令上级有代入感，不知不觉地把自己代入到“圣明的领导”的角色中了。

此外，还可以一开始先一问三不知，说：“我不能讲，讲了之后别人还以为我挑拨离间，用心良苦反成空。云云。”这是因为先说“进言的人不落好”，会让对方得到这样的印象：“我要是为了自己，才不说呢。”对方反而会急着想听你说了。俗话说“上赶的不是买卖”，这大约就是“卖关子”的技巧吧。）

延伸论据：狄仁杰与曹爽——对人性的理解关乎成败

本篇《难言》认为，言或写，很难十全十美，让领导全都满意，而且下级对上级说也不容易被接受，必须上级是“明君”。

本篇并没有给出具体的言说技巧，但是韩非子在后面的《说难》一篇，给出了具体的讲解。

这里，我们就补说一点技巧，结合狄仁杰的例子说一下。

狄仁杰的政治能力很强，更能洞悉人性。当时，武则天老了，众臣劝谏武则天还政李姓皇帝，都是从政治大局、大义谈，狄仁杰却从母子关系谈。于是武则天感悟，没有立武姓的侄子，而是把李姓的儿子李显从房陵召回，立为储君。狄仁杰没有拿大义去劝说武则天立自己的儿子（李姓的），而是以母子间的亲情去说动她。他对武则天说：“姑侄之与母子孰亲？陛下立子，则千秋万岁后，配祀太庙，承继无穷。立侄，则未闻侄为天子而祔姑于庙者也。”这就抓住了要害：母子比姑侄感情深，立儿子为太子，武则天死后还能配食太庙，立侄子为太子，可从没有配食太庙的姑姑。

传给儿子李显的话，就等于大唐又回到了李姓皇帝的手里。传给武姓的侄子，天下依旧是武姓。

所以，单说大道理，比如对国家怎么好，这难以说服武则天，从她个人的欲望出发，即能说服。

如果领导怀疑你的动机，那么你讲得再有道理，他也轻易不敢接受。所以，应该先卖关子，表示你不想说，从而撇开利害关系。如果急于主动输出，对方更觉得你是为了个人目的。

另一个要点是不能交浅而言深。比如，你和对方的关系不是特别近，那么进行劝说，对方也会怀疑你的真诚可靠。这可以看曹爽的例子。

三国时候，曹魏的大将军曹爽和司马懿争夺权力。司马懿假装得病，暗中谋划政变。大司农桓范是个老头，曹爽很敬重他，但也不是亲信。桓范倒是对曹爽很有忠爱之心，曾经劝过曹爽不要一个人出城，以免司马懿政变，把你关在外面。

但是，曹爽没听，和弟兄们出城游玩。司马懿立刻发动政变，掌握了城内的军队，关上城门，不许曹爽回来。大司农桓范一听说，立刻偷着跑出城，去找曹爽，出谋划策。

司马懿的部下皆惊，都说："这下不妙，他的'智囊'跑了。"司马懿却说道："不妨，曹爽与桓范不算甚亲，且智力不及，即便有桓范为之画计，曹爽必不能用之。"

这时，桓范见到曹爽，就献出对策：如今皇上就在营中，你带着皇上，跑去别的城市，比如许都，从那里召集四方州郡之兵，讨伐洛阳的司马懿即可。

曹爽第一觉得桓范不是自己的亲信，第二觉得如果投降，司马懿会饶了自己。

于是，曹爽默然不答，最终向司马懿投降。桓范放声大哭，连哭带骂："曹子丹佳人，生下汝等兄弟，真实蠢犊也！何意今日为你等而坐灭我族。"

虽然曹爽向司马懿投降，但还是被杀了。桓范也被诛杀。

在这个故事里，桓范的见解很高，但曹爽就是不听，根本原因在于他与曹爽不是很熟，不被当作心腹，即便说的是对的，他也不信。领导跟你的关系不近，不算亲密知心人，你给他出主意，他则要疑惑你，如此者身危。

第二章
爱臣：上级靠什么引领下级

1 下级太尊贵的后果

［原文］

爱臣太亲，必危其身；人臣太贵，必易主位；主妾无等，必危嫡子；兄弟不服，必危社稷。臣闻千乘之君无备，必有百乘之臣在其侧，以徙其民而倾其国；万乘之君无备，必有千乘之家在其侧，以徙其威而倾其国。是以奸臣蕃息，主道衰亡。是故诸侯之博大，天子之害也；群臣之太富，君主之败也。将相之管主而隆家，此君人者所外也。

［作者智解］

爱臣，指受宠爱的臣子、近臣。对爱臣太亲，必然危及自己。人臣太贵（尊贵），必然取代主子的地位。正夫人和妾没有等级差别，妾生的孩子一定会危及太子。兄弟互不服气，会内斗而危害社稷。臣听说，千乘之国的国君不戒备，必有百乘之臣在其侧，偷着吸走他的人民，颠覆他的国家。万乘国君不加以防备，必有千乘之家（指卿家族）在其侧，吸走他的民众，颠覆他的国家。所以，奸臣繁殖产业，君主就要败亡。将相迷惑主子，掌握国家的大权，这是人君一定要提防和排斥的。

延伸论据：王良驾驭马——可以把权力分给他人吗

韩非子认为，爱某一个臣子，太亲，必然危及自己，所以君主应该使用平衡术，叫下面多个臣子互相牵制。如果偏爱某个臣子太多，风险就太大了。

按理说，爱，是儒家强调的美德，韩非子为什么反对呢？因为韩非子在本节认为，权力具备不可拆分性。《韩非子·外储说右上》[①]中有一个造父的故事，说的也是这个道理。在这个故事中，韩非子先说道：如果国君和大臣一起行使法令，那么事情就办不好，法令就不能贯彻。他举了造父的例子来说明这一点。

造父善于驾驶马车，可以来回周旋，开得随心所欲，这是因为他独自掌握着辔头和马鞭。但是马遇到跑出的野猪被惊到了，马车一下子翻倒在沟里。造父也管不住马，因为这时候辔头和马鞭的威严，已经因野猪的烦扰而被削弱了。

王良也善于驾马，他的特点是不用鞭子，而是拿着草料奖励马，从而叫马听从他的指挥。但是马车到了园囿，里边有大量肥美的草，马就停下来吃草，根本不听王良的了。因为王良的奖励手段，已经被草地的草给分掉了。

（言下之意，马鞭、草是造父和王良的权力来源，权力不可丧失，权柄不能丧失。）

韩非子又说：王良、造父都是天下善于驾驶的，但是如果叫王良拉着左边的缰绳而叱咤，造父拉着右边的缰绳而叱咤，马也走不好。所以，人主和臣子，不能共同分享权力来治理。必须独断，独自握着法令和赏罚。

韩非子的意思是权力不可拆分，主张君主专制，而不是君臣共治。他还

---

① 《韩非子·外储说右上》是用于游说君主的各种小故事资料。因为是故事集，所以本书没有收录。

曾经引用申不害的话说："独视叫作明，独听叫作聪。能独断的，才可以做天下的主人。"说的也是权力不可拆分的道理。（申不害是战国中期韩国的相国，思想与韩非子接近，后人统称之为申韩之术。）

如果权力不可拆分这个道理是正确的，那么上级给下级太多权力，下级就可以反噬上级（可以看曹操的例子），所以儒家讲的伦理、爱就不能作为博弈策略。

在权力的博弈中，通过不同的策略，可得到零和博弈，也可以是非零和博弈。零和博弈，即一方所失去的，就是另一方所得到的。二者的收益之和为零。非零和博弈，包括正和博弈和负和博弈。通过博弈，双方收益之和为正数，即正和博弈，也就是双赢。双方收益之和为负数，就是负和博弈，即双输。

要想实现正和博弈，一方面是双方的策略和资源相互整合、升级的结果，另一方面也是其他社会资源、人际关系促进、吸收、融合、转移的结果。比如，劳资双方可以是零和博弈，因为一方多拿点，另一方就要少一点，但如果搞出股票期权的方式，只要把企业的业绩和利润做上去，那么双方利益都会增加，这就是正和博弈。

权力博弈不一定是零和的，也可以是正和的。上下级之间权力合理地组合、配置，就可以获得双方权力都增加的效果，即双赢。现实中，有的公司管理搞得好，有的不好，就是这个区别。韩非子在后面谈了君臣分工，君道是执"腰"，臣道是做事（《杨权》），意味着上下博弈可以是正和的。

虽然韩非子强调权力不可分割，君主要防范臣子，但他也主张君臣要良好配合，这是对韩非子和博弈理念的全面认识。

2 上位者的优势是哪四样

[原文]

万物莫如身之至贵也，位之至尊也，主威之重，主势之隆也。此四美者，不求诸外，不请于人，议之而得之矣。故曰：人主不能用其富，则终于外也。此君人者之所识也。

昔者纣之亡，周之卑，皆从诸侯之博大也；晋之分也，齐之夺也，皆以群臣之太富也。夫燕、宋之所以弑其君者，皆此类也。

[作者智解]

世间万物最宝贵的是身体，最尊贵的是君位，最持重的是君威，最隆盛的是君权，这四样好的东西，不需要向外面去求，只要把握住了法和术的技巧，就能拥有它们。所以说，人主不能运用自己的尊贵威势，就会沦落到边缘地位，这是人君一定要意识到的。

从前，商纣王亡国，周天子地位下降，都是因为封出的诸侯太多太强大。晋国被分裂为赵、魏、韩三国，齐国被田氏篡夺，都是因为群臣太富。燕国、宋国的国君被弑，也是这类原因。

延伸论据：灭三郤——怎么理解权力的赢者通吃

韩非子认为，臣子势大，就可能杀了君主，篡夺权位，所以不能给他们封邑，不能叫他对人有隶属权，不能有武装。意思是，君臣相杀，是负和博弈，要想避免，就必须合理配置权力。

可是，为什么韩非子在谈权力配置时，往往强调削弱下级的权力呢？这要了解他的时代背景。

在韩非子所处的战国时代之前，是春秋时代。春秋时代是分封制，诸侯国君把一些城邑封给卿，卿家族于是有势力。我们借助一个晋国的例子来说，晋国有八家卿，其中三郤家族，经济实力就非常旺，号称五大夫三卿，“其富半公室，其家半三军”。这种情况愈演愈烈，发展到春秋后期，就形成了六卿专权，政在私门。

在三郤时代，看见卿家族越来越富大，晋厉公又急又眼红，眼中仿佛长了钉子。晋厉公决定，灭掉八家卿族，先从三郤这三家开始。

于是这一天，在厉公指使下，胥童带领八百甲士埋伏在三郤家附近，其他人则假装成打架，闹到三郤的衙门，让三郤给断案。三郤一出来，就被他们杀死了。

混乱还没有终止。胥童继续发难，在朝堂上逮捕了执政官栾书和上军佐中行偃，他们也是晋国的八家卿中的。

胥童的意思是，栾书等八卿，家族产业也很大，也要灭掉。

晋厉公却下不了决心了。他说：“一朝杀死三个卿了，我不忍再多杀了。”于是，放了栾书。

栾书回家以后，先是战战兢兢，杯弓蛇影，后来干脆发动政变，趁晋厉公出游，抓住了晋厉公，随后处死了他。

卿这些贵族，有封邑和民众，是构成和君主对抗的一方。

在晋厉公的博弈案例中，体现了互动性。不论是同时出手还是先后出手，一方会有策略选择，另一方也会有。更常见的是重复博弈。根据对手的策略，选择自己的策略，以及这些策略能形成的多种平衡点。这些平衡点中，对双方都相对最优的一种或多种，被称为纳什均衡（美国人约翰·纳什研究发明的）。纳什均衡指的是所有参与者在考虑到其他参与者采取策略的前提下，选择自己最合适的策略的状态。

这有点绕。通俗地说，博弈思维的特点就是你得考虑着对方（同时或随后）怎么出招，从而决定自己（第一次）的策略选择，所以这一策略不是当下状态中的最佳选择，而是考虑了对方的反应后的最佳选择（从当下看，则未必是最佳选择，但人不能光顾着一切对自己有利的）。

实际上，对方的响应策略不会仅仅一种。分析晋厉公的案例，一旦对三郤出手，对方的卿阵营会有两个策略可供选择：一是认了，表示支持晋厉公，从而向晋厉公争取分到三郤的土地；一是反击，复立三郤的儿子们为贵族或者杀死晋厉公。

晋厉公虽然是先出手者，但以对方的两种可能策略为前提，他需要权衡，他可选的策略有二：一是杀掉三郤，再杀掉其他五家，避免他们反杀我；一是只杀掉三郤，但把三郤的部分土地分给其他五家卿以安抚。

需要权衡的就是，这两种中的每一种与对方的两种反应策略碰撞后，各自会得到什么结果。这些结果，对双方都是相对最优的，就是纳什均衡。能指向纳什均衡的策略，就是各自的最优策略。

现实中很少仅博弈一次，更多是多次重复博弈，所以需要把多次重复博弈的结果价值也计算进去。比如，晋厉公的策略一——杀光八卿，以及卿族的策略二——杀掉晋厉公，显然给本方带来的利益最大，但经过未来的重复博弈，胜利方难免又遭受损失（比如子孙被复仇者杀死），这样逆算到第一次博弈，对第一次博弈结果的得分进行扣减，于是其得分就不高了。

这样一比较，晋厉公的策略二和卿族的策略一，其执行结果是国君和五家卿分享三郤土地，对于博弈双方，都是相对得分最高，形成纳什均衡，相应的策略是各自的最优策略。既然是各自的最优策略，指向纳什均衡，双方势必都会选择这么做。

但是，晋厉公和栾书都没有选择最优策略，结果是晋厉公被杀死，栾书也被下一任国君免职，到孙子一代时栾氏被灭族。也许他们都没有做好充分的博弈分析。

没有这种在分析对方采取的诸种策略的前提下，选择自己在诸策略中的最佳策略，就不是博弈思维。不考虑这些，就把博弈理解为单方面的伤害、侵害了，是字面上的误解罢了。

有人说，我不用想，我就等着启动之后，见招拆招。这其实也不是博弈思维。

3 让下位者有钱，但不能有权

［原文］

是故明君之蓄其臣也，尽之以法，质之以备。故不赦死，不宥刑，赦死宥刑，是谓威淫。社稷将危，国家偏威。是故大臣之禄虽大，不得借威城市；党与虽众，不得臣士卒。故人臣处国无私朝，居军无私交，其府库不得私贷于家。此明君之所以禁其邪。是故不得四从，不载奇兵；非传非遽，载奇兵革，罪死不赦。此明君之所以备不虞者也。

［作者智解］

所以，明君管控臣子时，使用法的度量，来叫臣子尽力尽才，构建形势上的防备，从而使臣子只能忠诚。所以，不要搞什么赦免死罪，宽赦减刑。赦免死罪，刑罚上饶恕别人，君主的威就散了，社稷就要危险。（这里的意思是反对儒家的仁义，强调信赏必罚，该处死的，不能侥幸放过。）

大臣的工资虽然高，但不能给他城市做封邑，他的党羽虽然多，但不能让他当众人的主子（权力名分，也就是说，给下属高的待遇可以，分给利益也可以，但是不给他各种行政权和影响力）。大臣不能私自开设朝堂，不能跟国外搞私交，他家的府库不能私下借贷给别人（因为讨买人心），外出不能后面跟着武装配车，不能载着兵甲，否则杀无赦。这是明君用来防备不测的办法。

延伸论据：公子夺权与萧何自污

“他家的府库私下借贷给别人”，指臣子对外收买人心。在韩非子看来，财富如果用于消费，那可以鼓励，但财富成为权力的来源，则必须禁止。权力的来源，并不是空虚的神授或者委任状，而是财富、人脉和影响力。拥有这些，就拥有权力，所以韩非子提示要控制这些权力的来源。

所以，下属用个人财富去收买人心，是领导最忌讳的，这可以看公子鲍和萧何的例子。

宋襄公的遗孀襄夫人看上了一个叫公子鲍的贵族。公子鲍是现任国君宋昭公的庶弟，长得一表人才。襄夫人想跟他私通，他不肯，襄夫人就急了，拿自己的钱送给公子鲍。公子鲍用这些钱，施舍小米，周恤饥民，人气值扶摇直上，国家六卿中有五个都支持他。襄夫人干脆向宋昭公下了毒手，遣人把他杀死在去打猎的路上。

宋昭公被杀死，于是公子鲍当了国君，是为宋文公。

这就是私下借贷给民众，从而收取民心，然后夺权的例子。

刘邦当了皇帝后，叫萧何做丞相。一天，萧何过来提合理化建议，说：“臣有一个建议，现在长安土地不多，城外上林苑里的空地和废地倒很多，不如让民众进去开垦，收获的时候粮食归百姓，留下秸秆不收，给野兽吃就好。”

上林苑本是秦朝的皇家苑囿，里边很多珍禽野兽。

刘邦听了，勃然大怒，立刻叫道：“相国这是收了商人的贿赂，跟我要上林苑的地啊！”

刘邦又腾地站起来，喊道：“传廷尉过来，把相国抓起来，给我好好查他受贿的事！”

于是，萧何被下了监狱。萧何本来要干好事，替老百姓谋生计，却把刘邦气个半死，要罗织他罪名，好好治罪。

萧何被抓进御用监狱。过了几天，卫尉（禁卫军首领）王将军看刘邦心情不错，就上前说道：“陛下，不知相国有什么大罪您把他关起来了？”

刘邦说：“当然罪大了。我听说从前李斯给秦皇帝当相国，有好事就归于皇帝，有恶事就归于自己。现在萧何收了商人的贿赂，替民众跟我要地。他自己自媚于民，所以我得系械他，好好治罪。”那意思是，萧何自媚于民，也就是在收买人气。萧何本来在战争时期就管理关中地区，在当地很有人气，现在又收买人心，是打算在这里夺我的权吗？他搞这善行，这不是跟我争民心吗？

卫尉忙劝刘邦，说萧何不会有这动机。于是刘邦当天就把萧何放了。萧何出来，光着脚前来谢罪。刘邦也很感叹，说：“相国不要谢罪了。相国替民众请上林苑，我不许，我不过就是个桀纣这样的主子，而相国还是贤相。你没罪，不用谢罪。我故意把相国关起来系械，是要让百姓听闻知道我的过错。”

说是这么说，但还是含着讽刺和提醒萧何的意思，不要跟我抢民心。

这就是韩非子说的“大臣家的府库不能私下借贷给别人”，避免为自己家邀请政治名誉。所以，下级做好事太多了，乃至盖过上级，也是危险的。有人说，功臣不能做善事，因为本来就名望很大了。有的时候，他还要故意做坏事，也就是自污。自污方能保命。

第三章
主道：领导之道在于退静

1 退静就是博弈中的封锁信息

[原文]

道者，万物之始，是非之纪也。……故虚静以待，令名自命也，令事自定也。……形名参同，君乃无事焉，归之其情。故曰：君无见其所欲，君见其所欲，臣自将雕琢。

[作者智解]

道，是万物的开始，是非的线索。君主要虚静地守着道，判断事物的实际发展是否和宣称的一样，然后加以裁决。所以说，国君不要暴露自己所欲的是什么，国君暴露自己想要什么，臣子就会自我雕琢和迎合。

延伸论据：曹操俭朴，反倒得到假人才

儒家强调君主的道德示范作用，那样君主当然要展现出自己想要什么。但韩非子并不赞同。君主示范什么，表明自己推崇什么，就会被臣子探知，来假意迎合讨好。而实际他可能并非好人，这样，君主就选错了人。所以，他说君主应该虚静，而不要示范什么，甚至君主要隐藏自己的愿望。

比如，国君暴露出自己希望人们俭朴，于是臣子就故意俭朴，得到君主抬爱，实际是骗了君主。关于这个，可以举曹操的例子。

曹操这人特朴素，他的被子，每条都盖了十年，他每年把被子拆了，补补纳纳洗洗，再接着用。当时的官吏、富民都继承了东汉时期的奢靡之风，身上穿的都是带花纹的丝绸衣服，脚上穿的都是紫金黄丝织的鞋。曹操看了很不满意。一次，曹操从江陵跑回来，带了几双彩绣的丝履，给了家里人，还嘱咐家里人得一直把这鞋穿到不能再穿为止，不能中途就扔了，也不许照着这鞋的样子再做新的。

因为曹操特俭朴，上行下效。丞相府的两位高级领导，一个叫毛玠，一个叫崔琰，也清正廉明，带头搞俭朴，选人也光选节俭的“抠搜鬼”。丞相府里一个叫和洽的人，跑去给毛、崔二人提意见，说：“天下人才的所长是多种多样的，不能光用节俭这一个标准去选。现在朝廷里议论，对于穿着新衣，坐着豪华车的，就说不是清官；而当个大领导，脸面胡子也不修饰，衣服皮裘又旧又破，这样的就说是廉洁。搞得如今的士大夫都故意把衣服弄脏弄破，好车子和好衣服都藏在家里。一些朝臣大吏，上班进府寺还自己带着工作餐和饭盒。所谓建立教化，最可贵的是要中庸，这样才能长久和继续下去。各种偏激过分的行为，其中都有伪。”

这话说得很有道理。曹操本人俭朴，也喜欢俭朴，下面的官员知道了，就都故意穿得破破烂烂，最后获得曹操的赏识，升官发财，但是这些人也许在家里藏着锦衣玉食。所以，曹操就被蒙骗了，得不到真正的人才。

须知，博弈双方的策略选择，一定是在基于对方的策略选择的前提下进行评估和选择的。那么，封锁信息，就是博弈者的首要原则。所以韩非子说，君子喜好什么，讨厌什么，不能表现出来，通过信息封锁，让下面的人没了策略分析的基础。

2 对哪些东西要不露声

[原文]

故曰：去好去恶，臣乃见素；去旧去智，臣乃自备。故有智而不以虑，使万物知其处；有贤而不以行，观臣下之所因；有勇而不以怒，使群臣尽其武。是故去智而有明，去贤而有功，去勇而有强。

[作者智解]

所以说，去掉自己喜欢什么和厌恶什么，臣子才能表现出素来的自我，去掉智慧，臣子才能自我呈现。所以，君主有智慧，但是不滥用它去思虑，才能使万物都知道该自落在什么地方；君主有才能而不靠它行事，才能看清臣下按什么行动；君主有勇但是不怒，才能使群臣都能发挥自己的力量。所以，去掉智慧才能有明，去掉贤能才能有功，去掉勇才能强。

延伸论据：田婴怎么猜对君主的喜好

君主必须隐秘。如果表露了自己的意思，让臣子知道上级喜欢什么，讨厌什么，臣子就会故意来迎合。这样讨得上级的认可，但实际上他可能无才无行。

即便君主不把自己的好恶透露给臣子，臣子也会千方百计探测他的喜好。这可以看田婴的例子。田婴是齐国的相国，人很聪明。有一次，齐威王的正夫人死了，需要在他的十个二等夫人里面提拔一个。这件事情比较重大，是相国田婴得到重用的机会，但这也是件很费脑筋的事情。如果田婴建议提拔 A，但齐威王提拔了自己喜欢的 B，那么 B 作为夫人，未来一定会厌恶田婴。被夫人厌恶，田婴的未来还能好吗？反过来，如果他建议对了，那么被提拔的夫人也会感谢他。

总之，这事很重要，也很难办。怎么办呢？田婴就打造了十个玉耳环，献给齐威王，其中有一个耳环是高级货。过了几天，他进宫的时候，看到哪个二等夫人戴上了那枚高级耳环，就推荐谁是贤德的，应该扶正谁。

这么一办，推荐的人选正合齐威王之意，大讨了齐威王和这个夫人的欢心。这个故事想说的是，齐威王在耳环这件小事上，不知不觉暴露了自己对人的喜恶。君主的心思只要露出来，别人就会利用，具体的利用方式就是迎合。君主喜欢这个人（对于这里就是某夫人），他就顺着君主夸；君主厌恶这个人，他就顺着君主攻击。

这就是通过投其所好而一次次获得君主的喜欢。君主越来越喜欢这个臣子，也就越来越信任这个人，最终给予他大权，使得他成为权臣。实际上，这个人并不善良忠厚。这样心术不正的人，君主必将被他所制，被他蒙蔽。后来的田婴就是这样的。他治理齐国，“齐不加广而私家富累万金”，也就是说，齐威王任用他，国家一点好处没拿到，倒是田婴自己的威势极大、财富极多。

那君主应该怎么应对这样的臣子呢？

申不害说：“君主不要表露出善于明察。君主表露出善于明察，人们就会防备；君主表露出自己的聪明之处，人们就会装饰自己的行为来迎合；君主不表露欲望，人们就会窥探和试探。所以，君主要做到让人无从知之，无法了解，人们就不能蒙蔽或者迎合他了。”

申不害还表达过一个观点：“对自己说出的话要谨慎，人们会通过你说的，来判知你的底牌。你露出自己的聪明，人们就会藏匿相关的东西，以免被你查到；你露出自己很傻，人们又会算计你。所以，只有无为，才能什么都不表露出来，也才能避免被下属探知。”

还有个故事。有个客人来见韩宣王，一番陈说。韩宣王听了很高兴，随后就赞叹他。于是，韩宣王左右的人都跑去告诉客人，国君赞美了他，以此做人情。（这是因为国君把自己的意思泄露出去了，所以别人用这个消息讨好客人，求得客人的赏赐。君主一般特别反感别人泄露自己自言自语的内容，因为泄露者会用这个来换钱。）

甘茂在秦国做了相国，但秦惠王又喜欢公孙衍。这天，秦惠王找公孙衍单独谈话，说你挺优秀的，我想让你当相国。甘茂派人挖了地道，安排人从地道里钻进去，偷听到了秦惠王和公孙衍的对话。随后，甘茂去见秦惠王，说道："大王得到了贤相，我向大王祝贺。"秦惠王说："我是叫你当相国啊，没有再想任命谁啊。"甘茂说："听说您要另任用公孙衍。"秦惠王说："谁说的？"甘茂说："公孙衍自己说的。"秦惠王大怒，就不用公孙衍了，还把他驱逐了。

（这里，君主的想法被泄露出去，别人就会利用。秦王想高深莫测，但别人还利用了他的高深莫测，达成了自己的目的。）

堂谷公对韩昭侯说："假如有个价值千金的玉卮，但是没有底，这可以盛水吗？"韩昭侯说："不能。"堂谷公说："瓦器不漏，可以盛酒吗？"韩昭侯说："可以。"堂谷公说："瓦器是很贱的，但是不漏就可以盛酒。千金之玉卮，虽然贵，但没有底就不能盛水。如果国君把臣子的话泄露出去，就好像玉卮，虽然尊贵，但也没价值了，因为漏了。"韩昭侯说："好。"此后，韩昭侯每次有大事就极端保密，甚至都要独自睡觉，生怕说梦话被人听到，泄露了机密。

上级保命，臣子猜测，这实际上是信息不对称博弈中的信息博弈。

3 让聪明的人为你尽力

［原文］

群臣守职，百官有常，因能而使之，是谓习常。……明君无为于上，群臣竦惧乎下。明君之道，使智者尽其虑，而君因以断事，故君不穷于智；贤者敕其材，君因而任之，故君不穷于能；有功则君有其贤，有过则臣任其罪，故君不穷于名。是故不贤而为贤者师，不智而为智者正。臣有其劳，君有其成功，此之谓贤主之经也。

［作者智解］

群臣都守着自己的职事，百官有恒常的责任，按照他们的能力去任用，这叫习常。明君在上面无为，群臣在下面竦惧。

明君的道，就是让聪明的人尽力思虑，由国君来顺而做出决断，这样国君的智永远无穷。让贤能的人用尽自己的才能效力，国君顺着任用他，这样国君的能力也无穷。有功则国君有了贤名，有过则臣子背罪名，这样的话，国君的美名也没有穷尽。所以，国君本人不是贤人，却可以做贤人的老师，不聪明却可以当聪明人的师长。臣子干活，国君获得成果，这是贤君之道啊。

延伸论据：田子方和狄仁杰——哪些事不能撒手

这里讲的是君主支配臣子，任用臣子替自己做任何事情，自己只从事决策和选人方面的事。这样的君臣分工，就是上下的正和博弈。可以看看田子方的故事。

魏文侯的一个佳宾叫田子方，他是子贡的徒弟，相当机灵，伶牙俐齿。有一次，魏文侯饮酒，欣赏着音乐，说道："钟声不谐调啊，左边的音高。"

田子方故意掩嘴而笑。魏文侯诧异地问："笑啥？"

"臣听说，君主只要管理好乐官就行了，不贤明的君主才直接管理音乐。我怕您是审于声，而聋于官哦。"

意思是，君主以法束官，官则治事。

狄仁杰是武则天信任的大臣。他善于把握大局，抓大放小。比如，太学生王循之上表，乞假还乡，武则天批准了，狄仁杰却说："君王只有生杀大权不能交给别人，其余的事务都应放归相关部门。学生请假的事应交由国子监丞和主簿负责。如果天子为这点小事都要发布敕令，那天下之事要多少敕令才能处理完？"这是让武则天放权，事必躬亲并不是君主所为，良好的分工协作才是权力体系的正和博弈。

4 博弈不能先出手

[原文]

道在不可见，用在不可知；虚静无事，以暗见疵。

见而不见，闻而不闻，知而不知。知其言以往，勿变勿更，以参合阅焉。

[作者智解]

"道"在于它是不可见的，不被人查见，用的时候，不可知。自己虚静无事，因为暗，才看见对方的瑕疵。

（博弈分同时博弈和序贯博弈，前者是一同出手，比如石头剪子布游戏，后者是先后出手，比如射门和守门。在序贯博弈中，先出手的吃亏，后出手的便于应变。韩非子说的道，可以理解为一次性博弈，不论是同时的还是序贯的，都要隐藏自己的策略，使它不可见，多次重复博弈也要使自己运用的策略不可知。）

看见了而装作没看见，听见了而装作没听见，知道而装作不知道。知道下属说自己能干好什么，或者做了什么承诺，然后不去更正，就让他干，以此作为检验。

延伸论据：赵高——沉默的含金量最大

装作没看见，没听见，就是减少自己为对方提供的信息，隐藏自己的博弈策略。为什么领导在跟你沟通时，总是采取模棱两可的态度，原因也多半在这里。我们姑且可以说这是韩非子的“装聋策略”。

关于这一点，可以看赵高的故事。

赵高掌权以后，滥杀的人太多，怕遭人报复，譬如跑去秦二世那里诉冤，对自己不利，于是赵高必须遮拦诉冤告御状的人，办法就是劝秦二世从此不要上朝。他说：“陛下，天子为什么是贵人呢？因为他话少，群臣都见不到他的面，只听见他的声音。‘朕’这个字，就是预兆的意思，那就是不发言，只暗示。况且陛下富于春秋，年纪不大，未必国家的事您都懂，一旦说错了，大臣岂不笑话您？你跟先帝不同，先帝临制天下三十几年，经验丰富，群臣当面都蒙不了他。”

“那我怎么办呢？”

“您应该深居禁中，找一帮懂事的秘书班子，还有我，跟您一起研究事情，研究清楚了再回复大臣，大臣就不敢蒙您了，天下就都称您是圣主了。”

秦二世是个要面子的人，觉得能不对下面露怯最好，于是秦二世就不上朝见大臣了，躲在禁中办公，遇上大臣们上奏章请示问题，他就跟赵高研究，然后再回复大臣们，听凭赵高在旁边忽悠。

这个故事中，赵高是为了夺权，故意叫秦二世在宫里少说话、少出现。不过，赵高说得也有道理，君主一定程度的少说话，保持神秘感和权威性，是对的。只不过，这种保密是指自己发出去的信息很少，保持与对方的信息落差，但自己收集回来的信息是要极多的。赵高断掉了秦二世的后者，属于歪曲地解读韩非子的“装聋策略”，让秦二世变成了“真聋”。

5 永远留在暗处，让对手在明处

[原文]

官有一人，勿令通言，则万物皆尽。函掩其迹，匿有端，下不能原；去其智，绝其能，下不能意。保吾所以往而稽同之，谨执其柄而固握之。绝其望，破其意，毋使人欲之。不谨其闭，不固其门，虎乃将存。不慎其事，不掩其情，贼乃将生。散其党，收其余，闭其门，夺其辅，国乃无虎。大不可量，深不可测，同合刑名，审验法式，擅为者诛，国乃无贼。

[作者智解]

每个岗位就设一个人，不要在岗与岗之间互相通气，这样一切事情都好了。

（岗位的设置，不单是分工，更是为了分割权力，避免私下交结串通。会计和出纳这两个岗位，都是分开的。如果管账目数字的人，同时也管着钱币，那么他就便于私下支付钱币，同时修改账目，你就无法查验了。所以，韩非子说要分岗，且不能兼岗或互相通气。）

如果你掩盖自己的痕迹和意图，不露出自己的主张和观点，下面人就无法顺着你的念头来借机占你便宜。去掉自己的智慧，不使用自己的才能，这样下面的人无法揣测你。暗中拿着自己的观点，去看下属（臣下）的行事或者主张，看谁和自己相符合，就像拿着个柄，紧紧地握着。如果不谨慎地关好门，老虎就会窜进来（比喻强臣）。不把自己的事情慎重保密地对待，不掩盖自己的实情，那么贼就会冒出来（趁机欺骗或利用你，因为他知道了你想要什么或者主张什么）。破散掉他的党羽，收编他的党友，关上门，夺走他的辅佐者，这样国家才没有老虎（威胁国君的强臣）。国君很大，不可测量，把刑和名综合运用，对下属的行为进行审验，这样国才没有贼（指奸邪者）。

延伸论据：墨子——不理解人的动机就会看错人

这一段讲到的要点很多，但总的意思还是隐秘。“暗中拿着自己的观点（标准），去看下属（臣下）的行事或者主张”，是这一段的核心意思。可以结合鲁国君的故事来说。

鲁国君曾经对墨子说：“我有俩儿子，一个是好学，一个是喜欢分财给别人，你觉得谁适合当太子？”墨子说：“没法决定啊。可能他们是为了求得赏识而这么干的。钓鱼的人，恭弯着身子，但这不是给鱼鞠躬；捕鼠的人，拿虫子当诱饵给老鼠，不是因为爱老鼠。希望国君综合他们的志向和功业来观察啊。”

这里的意思就是，鲁国君有自己的观念和标准，就是善、分财，谁是这样的，谁就是好人，我就选择谁，但是这个观念（标准）需要“暗暗地拿着”。如果他已经泄露出去了，那么现在看见两个儿子有这样类型的好行为，就无法判断他们是否真贤，这也就是“国君不能露出自己的所欲，否则臣下将自雕琢”。

至此，韩非子的退静说，领导应该静默，不急于表现，有两个作用，一是避免下属顺着迎合；二是可以客观地选人（而没有透露考点出去）。

有人说，这岂不矛盾，我们公司的选人标准在招聘信息和考核表上都已经写出去了。其实，这确实需要注意，招聘标准和考核表，应该侧重写行为和业绩标准，即事实标准，而软性方面的标准，比如素养、能力项，则应该保密。因为业绩和经历无法伪装，软实力则可以粉饰。

6 君主最怕的五样东西

[原文]

是故人主有五壅：臣闭其主曰壅，臣制财利曰壅，臣擅行令曰壅，臣得行义曰壅，臣得树人曰壅。臣闭其主，则主失位；臣制财利，则主失德；臣擅行令，则主失制；臣得行义，则主失明；臣得树人，则主失党。此人主之所以独擅也，非人臣之所以得操也。

人主之道，静退以为宝。不自操事而知拙与巧，不自计虑而知福与咎。……故群臣陈其言，君以其言授其事，事以责其功。功当其事，事当其言，则赏；功不当其事，事不当其言，则诛。明君之道，臣不得陈言而不当。是故明君之行赏也，暖乎如时雨，百姓利其泽；其行罚也，畏乎如雷霆，神圣不能解也。故明君无偷赏，无赦罚。赏偷，则功臣墯其业；赦罚，则奸臣易为非。是故诚有功，则虽疏贱必赏；诚有过，则虽近爱必诛。疏贱必赏，近爱必诛，则疏贱者不怠，而近爱者不骄也。

[作者智解]

所以君主最怕五样东西：臣子把君主封闭起来，臣子拥有财利权，臣子擅自发号施令，臣子得以对人行义（收买人心），臣子树人。（树人，树就是种树的意思，指大臣提拔安插扶植自己的人。）

臣子把君主封闭起来，主子就失去了位子；臣子掌握财利权，君主就失去了德（无法施惠施德于别人了）；臣子擅自发令，君主就没有了控制力；臣子行义，君主就失去了好名声；臣子树人，则国君被孤立。这些都是人主应该独自握有的，不是人臣可以持有的。

人主之道，在于静退。不亲自操办事情，但是知道下面的人谁是巧的，谁是拙的，不自己思虑，但是知道什么是有利的，什么是有害的。下属提了一项提议，然后去行动，最后应验了，事情增加了成效，与他当初说的相合，这样就可以赏罚了。具体就是：群臣都陈言，说出自己的想法，国君按他们说的，授给他们事情去做，最后根据他们说的，来责求他们做成的效果。效果达到的，就进行赏，效果没达到的，就罚。明君行赏，就像及时雨一样，百姓受利；行罚的时候，也要可怕如同雷霆。所以，明君没有侥幸可以给的赏赐，也没有可赦免的刑罚。

如果侥幸能拿到赏赐，那么功臣就不努力了；刑罚说好了却可以赦免，那么奸臣就更易为非了。有功的话，就是关系不近的人，也要赏；有过的话，就是关系亲近的人也要罚。这样，远处的人不会怠慢，近处的人也不敢骄横了。

延伸论据：申不害——不懂得拒绝就不能当领导

以上内容说得很多也比较明白，而且韩非子在后面的篇章里还有详细的解说，所以，我们这里只解读最后一句“明君没有侥幸可以给的赏赐”。这个道理比较简单，我们看一下申不害的故事。

韩昭侯对申不害说：“我搞的法度，很不好推行。”申不害说：“一切要

誉），那么就会发生偏差。

按现在的观念，领导在用人时，要听听群众的意见，但韩非子对征求意见持不赞成的态度。这是因为当臣子们都结为朋党的时候，他们的毁誉是基于私人集团的利益，所以，越是征求意见，越是被蒙蔽。可以举两个例子：

李林甫是唐玄宗时候的奸臣。他原本是皇族的远亲，但是没有什么学问。有一次，李林甫的表弟生了一个儿子，他写信道贺："闻有弄獐之庆。"此处应为"弄璋"。璋为一种玉器，希望儿子将来有玉一样的品德。獐则是一种没有角的鹿。客人看到后都捂着嘴偷偷笑话他。

李林甫的贵人是他的情人——大名鼎鼎的武三思的女儿。武氏想让自己的情夫李林甫当宰相，请高力士向玄宗推荐李林甫。高力士没敢说。武氏又帮着李林甫去巴结宰相韩休，韩休因此很喜欢李林甫。宰相韩休在唐玄宗面前高度赞扬李林甫，说他有宰相之才，于是唐玄宗很快把李林甫提拔为黄门侍郎，作为韩休的副手。过了几年，韩休下台，李林甫顺利当上了宰相。

从这里可以看出来，李林甫能当上宰相，就是因为一些贵人在皇帝面前推荐保举他，而他通过情妇跑通了这些贵人的关系，实际上他也没有什么文化，这就是领导听从别人的毁誉（指赞美或毁谤）而任用人，结果选出来的就是这样的人。其实，李林甫的人品也不行，号称口蜜腹剑。所以，韩非子说选人要通过考核，而不是身边的人说谁好谁坏。

李林甫能当上宰相，是因为皇帝听从身边人的胡乱赞美。韩非子说"君主经常听臣子们对某个人的称誉或非议，来决定提拔和斥退谁。如果根据下属赞誉谁来提拔谁，那么臣子就会结党"，总之，向别人征求意见和评论是最不建议的做法。别人能老老实实地说实话吗？聪明的领导者通过实践考察来判断，而不是向左右人去打听某人好不好。

2 小团体利益与君主利益相悖

[原文]

交众、与多，外内朋党，虽有大过，其蔽多矣。故忠臣危死于非罪，奸邪之臣安利于无功。……若是，则群臣废法而行私重，轻公法矣。数至能人之门，不一至主之廷；百虑私家之便，不一图主之国。属数虽多，非所以尊君也；百官虽具，非所以任国也。然则主有人主之名，而实托于群臣之家也。……家务相益，不务厚国；大臣务相尊，而不务尊君；小臣奉禄养交，不以官为事。此其所以然者，由主之不上断于法，而信下为之也。

[作者智解]

臣子互相交结，相好的人多，内外构成朋党，即便他干了大坏事，也有人替他罩着、捂着。所以忠臣无罪却落得死，坏人得利还没事。这样，群臣都不按法办，都行私。人们都跑去党魁（强臣）的门下走关系，没有去看望君主的。都考虑对自己私家的好处，没有替国君考虑的。官员数量虽然多，也没有替国家做事的。国君虽然有人主之名，实际权力却落在了私家那里。各私家都务求互相帮忙，增加各自的财产，没有忙着使国家富起来的；大臣们互相提升、巩固彼此的地位，没有忙着尊抬国君的；小官只在乎自己拿多少工资，而不在意官事干得怎么样。

之所以弄到这种地步，是因为君主没有一切以法来断，而信下面的人称誉谁或诋毁谁。

延伸论据：三人成虎、劫持君主——上位者怕“结党”

臣子一旦结党，就会异口同声地非议某个人。君主听了，肯定会把这个人罢免。关于这个，可以讲三人成虎的故事。

庞恭陪伴太子去邯郸做人质，临走前对魏王说：“假如有一人说农贸市场有老虎，您信吗？”魏王说：“不信。”庞恭说：“如果两人说有虎呢？”魏王还说不信。庞恭说：“三人说有虎呢？”魏王说：“那我就信了。”庞恭说：“农贸市场明摆着没有虎，但是三人说有虎，就成了真的有。邯郸离这里更远，非议我的人可能超过三个，希望大王明察。”

等庞恭从邯郸回来的时候，国君竟不肯见他了——他还是被人在国君面前诬陷，而且国君信了。这就是三人成虎。臣子结党，异口同声地说某人坏话，听得多了，再贤明的君主也会被蒙蔽。

下级拉帮结派，是上级最怕的事情。

张仪和惠施两个人在魏惠王面前争论，一个主张魏国跟秦国结好，另一个主张魏国跟齐国结好。其他的魏国大臣都发言赞同张仪。魏惠王狐疑了半天，打算按张仪说的办。

等魏惠王一退朝，惠施赶紧跑进内宫求见。魏惠王说：“先生不要再讲了。我已经决定了结好秦国，听张仪的，这是对的，而且一朝之臣尽以为然。”

惠施展开逻辑，劝说魏惠王：

“朝士尽以为然反倒有问题了。按照客观规律，小的事情，说可和不可的人应该各占一半，何况是大事呢？结齐还是结秦，是大事，但群臣都认为可，不知是因为这种可，是如此明显，还是群臣的智术，如此一样。其实这件事的可，并非如此的明显，群臣的智术，也应该是不尽相同的，那就是有一半人的真实意见被堵塞住了。所谓‘被劫持了的君主’，就是失去那一半人的真实意见的君主啊。”

魏惠王还是转不过弯来，糊里糊涂地让惠施带着他的逻辑先走了。

惠施这里说的，其实就是结党的问题。在讨论大事时，应该有人赞同，有人反对。现在群臣异口同声的都是赞同，那就说明他们结党了——也就是跟张仪结为一党了。这时候，君主就算是被他们劫持了。这些人统一口径一起忽悠魏惠王。

君子避免下属结党的办法，就是使用法度，而不是听大家称赞谁和否定谁。具体来讲，就是韩非子接下来说的内容。

3 任法不任人

[原文]

故明主使法择人，不自举也；使法量功，不自度也。能者不可弊，败者不可饰，誉者不能进，非者弗能退，则君臣之间明辩而易治，故主雠法则可也。

[作者智解]

明主用法来选择提拔人，不主观挑选；用法来度量这个人的功业大小，不自己主观度量。能者不会埋没，差的也不会虚伪地自饰，大家都称誉的人（交结党友的党魁）不会被提拔，大家都非议的人（不肯同流合污的）不会被降职。这样就判断准确了，所以君主一切要依照法。

延伸论据：齐威王的单独考核——“火力侦察”拿到真情报

韩非子这里说，避免下级结党的办法就是君主一一地考核这些人，从而判断出谁好谁坏。如果是听大家的口头称赞和诋毁，那么好人也会被说成坏人，坏人也会被说成好人。我们说一下齐威王的故事。

齐威王善于用这种办法去检查下属，而不是听左右亲信们的毁誉。齐威王派人调查阿大夫的地盘，发现这个公认的优秀者所管辖的阿县却是田野不辟，人民冻馁。他开会告诫大家："我们必须根治虚假，你们要常下去看看。好吧，今天杀一儆百，先把虚报成绩的阿大夫烹了。"于是，鬼哭狼嚎的阿大夫当着各级地方领导的面被烹了，平时交口称赞阿大夫的人，也一同入锅当了作料。

显然，阿大夫就是靠着贿赂齐威王身边的人（这些人都替他说好话），把他装扮成好官，才得了好评。但是，齐威王一下去考核，就避免了被蒙蔽。这就是韩非子说的，君子以法和考核来明察臣子，而不是听别人的口头毁誉。

领导和奸邪的人博弈时，后者会释放假情报，判断真假的办法就是进行"火力侦察"。考核就是一种火力侦察。别人的评价和意见可能是被这人操纵和扭曲的，盲从的上级就成了"盲聋"的人。任法不任人，信息情报收集要把握在自己手中，这样才能避免误解和偏差，小人失去了从中捣乱的空间，自己也避免了决策错误。未经验证的信息，都是不能接受的。

4 一个人怎么与多人博弈

［原文］

贤者之为人臣，北面委质，无有二心。朝廷不敢辞贱，军旅不敢辞难；顺上之为，从主之法，虚心以待令，而无是非也。……为人臣者，譬之若手，上以修头，下以修足。……今夫轻爵禄，易去亡，以择其主，臣不谓廉。诈说逆法，倍主强谏，臣不谓忠。行惠施利，收下为名，臣不谓仁。离俗隐居，而以诈非上，臣不谓义。外使诸侯，内耗其国，伺其危崄之陂，以恐其主曰“交非我不亲，怨非我不解”，而主乃信之，以国听之。……此数物者，险世之说也，而先王之法所简也。

夫为人主而身察百官，则日不足，力不给。且上用目，则下饰观；上用耳，则下饰声；上用虑，则下繁辞。先王以三者为不足，故舍己能而因法数，审赏罚。先王之所守要，故法省而不侵。独制四海之内，聪智不得用其诈，险躁不得关其佞，奸邪无所依。……朝廷群下，直凑单微，不敢相逾越。

夫人臣之侵其主也，如地形焉，即渐以往，使人主失端，东西易面而不自知。……故明主使其群臣不游意于法之外，不为惠于法之内，动无非法。峻法，所以禁过外私也；严刑，所以遂令惩下也。威不贰错，制不共门。……故曰：巧匠目意中绳，然必先以规矩为度。……法之所加，智者弗能辞，勇者弗敢争。刑过不避大臣，赏善不遗匹夫。故矫上之失，诘下之邪，治乱决缪，绌羡齐非，一民之轨，莫如法。厉官威民，退淫殆，止诈伪，莫如刑。刑重，则不敢以贵易贱；法审，则上尊而不侵。……人主释法用私，则上下不别矣。

［作者智解］

贤良的人臣（干部），向国君效忠，没有二心，遇上事情不推诿，打仗不因为害怕而推辞，顺着上面的要求，遵从主上的法，虚心等待命令而不惹是非。好的人臣，就像手一样，向上去保护头，向下去保护脚。

现在，大家都看轻爵禄，轻易就换地方，另择一个主子（跳槽），这样的臣子都不算是廉（古文“廉”指不看重财物）。胡说八道，违逆法令，背离主子进行强谏，这不是忠；对别人施惠，求得大名，这不是仁；隐居起来，非议君上，这不是义。

对外出使诸侯，对内消耗国家，趁着国家危险就吓唬自己的主子："这些外交危险除了我没有人能解决了。"国君就听他的了。他自己捞了好处和利益（如今做业务的，也有这么干的。制造市场困难，回来跟总裁要好处，说自己能解决，从而拿奖金），这都是乱世的特点。从前治世不是这样的，当时大家都奉公法，废掉图私的心术，专意一行，准备好接受任务。

人要是靠自己察验百官，那么时间和精力都不够。你用眼睛来察看，下面的人就装饰自己的外观；你用耳朵来听，他们就修饰自己的声音；你用思虑来查看，他们就美化自己的言辞。这些都不足以，所以应该舍掉自己的能事（主观检查判断）而一切遵从法数，审定赏罚。

（这里说的法数，后文《扬权》的第二节中有详细的讲解，就是用任务考核，来判断他的好坏。）

掌握这个简单的要领，就不受侵害了。他独制四海之内，聪明的人不敢用诈来骗他，险躁的人不敢用佞蒙来蔽他，奸邪的人无所依托。朝堂群臣都把自己单独的力量汇集给君主，不敢越官交结（指不同职务的人串通）。

人臣侵夺他的主子，是渐渐扩及的，叫人主慢慢丧失权柄而不自知。所以明主使唤群臣不要超出法的范围，也不要在法之内随便施恩，一切行动依托法（这些法，指广义，也包括组织内的规矩）。对方犯错了，绝不宽贷，持法权柄也要单独握在君主手里。所以说，巧匠靠着目意也能中绳，但一定要先以规矩为度。

即便聪明的人做普通的事，也需要依照方法规则。绳子直才能把歪的木头砍掉，标准平才能把突出的部分砍掉，权衡（秤砣）有了才能定出轻重。所以以法治国，就是把标准放上去而已。法不阿附贵人，就像绳子不绕过曲的木头。法所加的地方，聪明的人也无所辞避，勇敢的人也不敢相争。刑过不避大臣，赏善不遗匹夫。所以，矫正上面的过失，问责下面的邪辟，把乱的搞清楚，把民众统一到一个轨道上，莫如用法。治理官和民，把淫殆的人斥退，莫如用刑。刑罚重，则上面的人尊高而下面的人不敢侵上。如果人主放弃法而用私，则上下无别了。

延伸论据：李林甫——利用信息不对称，打掉竞争者

君主用法这种客观工具来度量，而不是私下的主观判断，这样才能立于不败之地，这是上文的主要意思。

李林甫做宰相时，同做宰相的还有李适之。李林甫口蜜腹剑，想害李适之，以便自己独揽大权。李林甫告诉李适之："华山有金矿，采之可以富国，皇上还不知道这件事呢。"李适之赶紧报告给唐玄宗。玄宗问李林甫，李林甫却说："我早就知道这个，但是华山是陛下的本命，王气所在，开凿它不合适，所以我没敢提这个事。"

唐玄宗听了以后，认为李适之考虑不周，更加亲近李林甫，还把李适之批评了一顿。后者又遇上几次类似的事，李适之干脆饮药自杀了。于是，李林甫成为独揽大权的权臣。

李林甫作为宰相，嫉贤妒能，又搬弄是非，把一些有潜力升为宰相的优秀官员，如户部侍郎，都罢免乃至害死，以免威胁到自己。在这过程中，唐玄宗依旧是听他的口头评论，来决定这些人的进退。如果唐玄宗能客观考察那些人，就能留下其中有用的，用来制衡李林甫。

这就是韩非子说的，"应该舍掉自己的能事（主观检查判断）而一切遵从法数，审定赏罚"。口头评价会有很多误解和信息损失或扭曲，人听了，容易萌生猜疑，所以必须以事实来验核。过于信任一个人，而不加查验，怎么算是明君呢？

第五章
二柄：管人的两个把手

1 赏罚之权不可分割

[原文]

夫虎之所以能服狗者，爪牙也，使虎释其爪牙而使狗用之，则虎反服于狗矣。人主者，以刑德制臣者也，今君人者释其刑德而使臣用之，则君反制于臣矣。故田常上请爵禄而行之群臣，下大斗斛而施于百姓，此简公失德而田常用之也，故简公见弑。子罕谓宋君曰："夫庆赏赐予者，民之所喜也，君自行之；杀戮刑罚者，民之所恶也，臣请当之。"于是宋君失刑而子罕用之。故宋君见劫。田常徒用德而简公弑，子罕徒用刑而宋君劫。故今世为人臣者兼刑德而用之，则是世主之危甚于简公、宋君也。

[作者智解]

虎之所以能使狗屈服，是因为有爪牙。假如虎放弃爪牙给了狗，虎就反服从于狗了，所以，领导不可把赏罚权给下属。人主，是靠刑、赏来制住臣子的，如果放弃刑赏，叫臣子来用它，则君主反而受制于臣了。从前，齐国的田常向国君请求来爵禄，发给群臣，于是齐简公失去了对臣子的德惠（恩惠），而田常开始专权，最终田常弑了齐简公。

子罕对宋国君说："赏赐，是老百姓喜欢的，这个应该您自己来做；杀戮刑罚，是老百姓厌恶的，我请求来当这坏人。”于是，宋国君失去了刑罚，而子罕有了惩罚人的权柄，最终宋君被劫持。田常使用德，于是简公被杀；子罕握有刑，于是宋君被劫。现在各国，作为人臣但是拥有赏赐、刑罚权力的，其国君面临的危险将比齐简公和宋君还大。

延伸论据：秦始皇——领导授权给下级的利弊

以上内容是说君主不能把赏罚的权力给下属，这作为控制和管理臣子的办法，固然有道理，但也不是没有副作用。

当君主手握所有权力的时候，就不怕臣子们篡权了，但是臣子们的权重也受损了。臣子向任何一个部门提出配合和协作要求，都不会得到重视，后者一定要等大领导亲自在这项事务上发言或发文。大领导就要兼任各种机构的挂名负责人，如果他想让这个机构的行政效率提高。简单说，大领导独握赏罚权柄，会使得整个组织的行政效率低下。

秦始皇可谓是躬操一切大权，把自己累得要死不算，下面的大臣也都是待命充位，唯皇帝之命是听，但也不理睬来自其他各个方向的信息和指令了。秦始皇这么做，就是因为他很喜欢读韩非子的书。把压力都给了大领导，需要他的决策正确，但是，他也难以协调各部门的关系。简单说，臣子太没权了，行政效能也会下滑，所以授权和监察又是必要的。

2 下级不能跨岗交往

[原文]

人主将欲禁奸，则审合刑名；刑名者，言与事也。为人臣者陈而言，君以其言授之事，专以其事责其功。功当其事，事当其言，则赏；功不当其事，事不当其言，则罚。故群臣其言大而功小者则罚，非罚小功也，罚功不当名也；群臣其言小而功大者亦罚，非不说于大功也，以为不当名也害甚于有大功，故罚。昔者韩昭侯醉而寝，典冠者见君之寒也，故加衣于君之上，觉寝而说，问左右曰："谁加衣者？"左右对曰："典冠。"君因兼罪典衣与典冠。其罪典衣，以为失其事也；其罪典冠，以为越其职也。非不恶寒也，以为侵官之害甚于寒。故明主之畜臣，臣不越官而有功，不得陈言而不当。越官则死，不当则罪。守业其官，所言者贞也，则群臣不得朋党相为矣。

［作者智解］

人主要想禁止各种奸事，就要综合审定一个人说的和做的。人臣陈说什么，国君按他说的话，授给他事做，然后责求他的业绩是否达到。达到事情应有的标准，就赏，没有达到这些标准，就罚。这样，群臣中说大话而做事小的人，就罚。至于说得小但是做得事大的，也罚，因为这也是名实不符。（这实际上就是下属提出考核目标，上下级就考核的事项和标准达成共识，然后到期考核和奖惩。）

从前，韩昭侯醉卧，睡着了。负责管帽子的人怕他冷了，就给他盖了件衣服。韩昭侯醒后，发现了，就把这个管帽子的杀了，然后把管衣服的也杀了。杀管衣服的，因为他失职；杀管帽子的，因为他越职。所以，明主管理臣子，臣子不得越官而有功，否则就处罚。大家都守着自己的官职事务，这样群臣之间就不能结为朋党了。

（越职，也就是一个人是 A 官职，但是做了 B 官职的事，这里之所以要禁止，是因为他兼有 B 官职的权力，可能互相沟通，从而徇私舞弊。如果 A 官职管公章，B 官职管账簿，这两个岗位上的人相结合，就可以贪污挪用公款了。管帽子的岗位，和管衣服的岗位，俩人互相帮忙干活，俩人越来越好。如果未来一起害韩昭侯，韩昭侯就没跑了。所以，不能越职。

之所以把岗位划分开，除了因为一个人干不完，也是为了把权力分割、分散。比如，汉朝最大的官是三公，分别是司徒、太尉、司空，这样就把丞相一个人的权力分成了三块，分掌不同的维度。做一件大事，需要不同维度的三公同意，这样就无法一个人为所欲为了。）

3 君主的两个心腹大患

[原文]

人主有二患：任贤，则臣将乘于贤以劫其君；妄举，则事沮不胜。故人主好贤，则群臣饰行以要君欲，则是群臣之情不效；群臣之情不效，则人主无以异其臣矣。故越王好勇而民多轻死；楚灵王好细腰而国中多饿人；……桓公好味，易牙蒸其子首而进之；……故君见恶，则群臣匿端；君见好，则群臣诬能。人主欲见，则群臣之情态得其资矣。故子之托于贤以夺其君者也，竖刁、易牙因君之欲以侵其君者也。其卒，……桓公虫流出户而不葬。此其故何也？人君以情借臣之患也。

人臣之情非必能爱其君也，为重利之故也。今人主不掩其情，不匿其端，而使人臣有缘以侵其主，则群臣为子之、田常不难矣。故曰："去好去恶，群臣见素。"群臣见素，则大君不蔽矣。

[作者智解]

君主有两个患害：一是选用了贤能的人，这个人就会凭自己的能力劫持国君（架空国君）；二是选了无能的人，又办不成事。

如果君主喜欢贤能的人，群臣就会假装是贤能的，掩盖自己的本性。群臣的本来面目显示不出来了，君主也就没办法知道谁好谁坏了。

也就是说，君主喜欢什么，群臣就假装成什么样。所以，越王好勇，则民多轻死；楚灵王好细腰，而国中多饿人（为了减肥和讨好）；齐桓公喜欢美味，易牙就蒸了自己的儿子献上。国君暴露了自己厌恶什么，群臣就会隐匿自己身上这些差的部分；国君暴露自己喜好什么，群臣就假装擅长这个。于是，易牙顺着齐桓公的所欲获得赏识，最后侵夺齐桓公的权力，导致后者被饿死，蛆虫从尸体上爬出了门，也没人收葬。为什么呢？是因为国君把自己的底细借给了臣子，臣子借之为害。

臣子的本性，未必是爱国君，只爱自己的利益最大化罢了。如果人主不掩盖自己的本情（喜好），不藏匿自己所厌恶的方面，那么人臣就缘之讨得信任，然后侵夺君主。如此，田常那种弑君的事就不远了。所以说，去掉君主所好所恶，不显露，这样群臣就能露出自己的本来面目了，则国君不被蒙蔽。

（韩非子认为，君主不能把自己喜好什么、厌恶什么，透露给臣子，免得臣子趁机欺世盗名来骗得领导的信任和宠爱。秦始皇很信奉韩非子的这个观点，生怕身边的人把自己的情况泄露出去，乃至自己去了哪里，都不许泄露。

关于这个隐秘、保密的话题，在《主道》篇中已经谈过，在本段中韩非子则说得更明白。）

第六章 扬权：把持住要害点

1 圣人执“腰”

[原文]

夫香美脆味，厚酒肥肉，甘口而疾形；曼理皓齿，说情而捐精。故去甚去泰，身乃无害。权不欲见，素无为也。事在四方，要在中央。圣人执要，四方来效。虚而待之，彼自以之。……行之不已，是谓履理也。

夫物者有所宜，材者有所施，各处其宜，故上无为。使鸡司夜，令狸执鼠，皆用其能，上乃无事。上有所长，事乃不方。矜而好能，下之所欺；……故圣人执一以静，使名自命，令事自定。……因而任之，使自事之。正与处之，使皆自定之。上以名举之，不知其名，复修其形。形名参同，用其所生。……谨修所事，待命于天。毋失其要，乃为圣人。

[作者智解]

那些香甜美味，厚酒肥肉，虽然嘴上好吃，但是对健康不利；皓齿美女，虽然能够娱情，但是损害精力，所以要去掉过分的、奢侈的，身体方才无害。

（这是讲人应该寡欲，控制自己的欲望。关于这个，可以讲一下蛇的案例。有一种虫叫作虺，它一条身子两个嘴，互相争着咬，最后把自己咬死了。这个故事想说明，人必须控制欲望，如果听凭欲望发展，就会搞内讧，自相残杀，最终没有赢家，就像蛇自己吞吃了自己。）

权力不应该被暴露出来，要表现得朴素、无为。事情都在四方发生和运作，但关键的“腰”就要握在中央。（腰，通要，就是要点、关键点，要抓住的）圣人执这种“腰”，四方都来效命。虚而待之，对方会自然成形。顺着走下去，这就叫“履理”。

（意思是，领导者只需要抓住关键要点。如果面面俱到，就是过度，领导者是无法跟下属竞赛的。把握住“腰”，也就是关键处，然后虚而等待，事情即能自己走下去。）

事物都有它适宜的方面，材料都有适合施用的地方，让它们各处其宜，这样上下就都可以省力气。叫鸡去报晓，叫狸去抓老鼠（当时还没有猫），都是用它们的特长，这样上面的人也就清闲无事了。如果上面人有擅长的东西，偏去耍弄，这样下面的人就办不成事。上面的领导自矜某方面能力，就会被下面的人趁机欺骗。所以，圣人执一而静，因着下属的特性而任使之，使他自己去做事。因缘着他的特点而给了他机会，他会自己做起来。正确地把他安处好，使他自己建立事功。上面的人根据名声来举用某人，不知道他的名声是否可靠，就再考察他的形。形名相符，这才成功。

谨慎地做自己的事，以等待天命，不要失去其“腰”，才能成为圣人。

延伸论据：管仲——让君主给自己授权

以上其实还是讲君臣分工。君主执“腰”，抓住关键，顺着下属的自然特点，听凭下属把事情做好，这是本节的主要意思。

领导自己做得少，而让下属做得多，这是领导之术。一次，有司去向齐桓公请示一件事。齐桓公说：“去跟仲父说去。”（仲父就是管仲。）有司又来请事，齐桓公说："告诉仲父去。"如是者三。旁边的近臣说："一说是找仲父，再说是找仲父，当国君真容易啊！"

齐桓公说："我没有得到仲父的时候，很难，得到仲父之后，为何不变得容易呢？"

这就是君主执"腰"，臣子任事。君主腾出精力思考国家的方向以及大的决策，授权之后，叫臣子自己提出目标，然后再去考核臣子。

这就是韩非子说的，领导者应该执"腰"，只抓要点，其他进行授权。

2 上位者为什么要保持虚静

[原文]

圣人之道，去智与巧，智巧不去，难以为常。民人用之，其身多殃；主上用之，其国危亡。因天之道，反形之理，督参鞠之，终则有始。虚以静后，未尝用己。凡上之患，必同其端；信而勿同，万民一从。

……是故明君贵独道之容。君臣不同道，下以名祷。君操其名，臣效其形，形名参同，上下和调也。凡听之道，以其所出，反以为之入。故审名以定位，明分以辩类。听言之道，溶若甚醉。唇乎齿乎，吾不为始乎；齿乎唇乎，愈惛惛乎。彼自离之，吾因以知之；……根干不革，则动泄不失矣。动之溶之，无为而攻之。喜之，则多事；恶之，则生怨。故去喜去恶，虚心以为道舍。……主上不神，下将有因；其事不当，下考其常。

[作者智解]

圣人之道，就在于去掉智和巧。不去掉智和巧，难以有恒常的治理之法。普通人用智和巧，自己就会遭殃；君主用智和巧，也会亡国。要顺天之道，回到事物的理，进行督查检验，这样以终为始。要虚和静，然后得到结论，不要用自己的主观判断。凡君主的错误，就是在对立的观点中，认同其中一端的观点。要真诚地对待，不要只赞同其一端，这样万民才能统一跟从。

（这里反对智巧，其词义跟当今不完全相同。在韩非子乃至老子的语境中，智巧是人为，是人的私智。你以为是智和巧的，其实可能是偏见，是一端。在韩非子的语境中，运用客观的法，而不是主观的智和巧，就是他反对私智和巧的意思。上级和君主，就要虚和静，不自以为是，先入为主，不把自己固定在一端上，这样才能得到万民，否则会失去一半。

如果你固定在一点上，就会被人迎合，那么，即便你执的一端是好的，比如要俭朴，也因为迎合而变得荒唐，上文举过这样的例子。好的工具，一旦变成了目标，就会闹出弊病，所以圣人弃掉智巧，保持空虚。韩非子在这里，一定程度上受老子的思想影响。以上说的是君道。）

君和臣的道是不一样的。臣以名来提出申请，提出自己想做的事；国君抓住结果进行检验，看臣下是否名实相符，这样就上下和调了。（循名责实，形就是实。）

听下属汇报的办法是：根据下属说出的东西，检查他实际做成的东西。也就是审名以定位，确定他的类别。听下属说话的时候，自己好像喝醉了。我不要抢着先说话，而是让下属说，我保持昏沉沉的，让他评价和分析自己说的话，我因之而明白其正误。如果树根不动，那怎么摇晃树梢也没事，所以我要保持虚静、闲暇、无为。

如果相反，我表现出喜欢什么东西，他就会多事，多提要求；我表现出厌恶什么东西，他就会生怨，所以要去掉这些，让心空下来，来听。

主上不神秘莫测，下面的人就会顺着来利用。主上对事情的决策不当，下属就会把这当作常例沿用下来（从而作为借口）。

延伸论据：田子方和宫他——会盘问才不会被蒙蔽

主上不神秘莫测，下面的人就会顺着来。关于这一点，可以看这个案例：

田子方问唐易鞠："射鸟最重要的是什么？"对方答说："鸟用数百只眼睛看着你，你用两只眼睛看对方，所以你一定谨慎，小心保护住自己的粮仓（射鸟就是为了保护粮仓的）。"田子方说："善。这个道理也可以用于保住自己的国家。"别人用那么多眼睛盯着你，你只有做到虚无，才能什么都不表露出来，这样才能守住自己的国或权位，否则，你表露出聪明或者愚蠢，下面的人都会进行利用，从而欺瞒你。

所以，领导就要高深莫测，令人无法揣测、迎合、防备或者利用。即便表现出自己在某些方面很聪明、明察，也不行，因为对方会藏匿自己相应的问题，进行防备。不要表露出自己善于明察，也不要表露出不善于明察，不要表露出自己的聪明，也不要表露出自己的傻，对于别人的试探，不要表露出自己的欲望。

下属在跟主上讲话的时候，是藏着许多心眼的，所以这时候君主应该少说，让他自己充分展现，从而发现他话中的矛盾，探索他语言中的实情。我们举一个臣子与国君沟通的案例。

周趮对宫他说："我要对齐王讲：'请让我在齐国做大官，掌握齐国，我就能以齐国的威势，使得魏国来服从和侍奉大王。'"

宫他说："你不能这么说。你这么说，表示你还没有拥有魏国，需要齐国帮着加重你的分量，你才能掌握魏国，齐王肯定不干这傻事。齐王听你这么说了，就不会答应你了。你应该改说成：'我能满足大王的所欲，我能让魏国来听从、服从大王您。'齐王就会觉得你已经拥有（掌握）魏国了，一定会答应你。这样你就能在齐国当大官，有了齐国，凭齐国之威，就有了魏国。"

宫他讲得比较绕。大致意思就类似于向领导介绍外面一个项目时，说我已经有了这个项目，而不是我拿着你的资源，才能做来这个项目。虽然实际并非如此。宫他教周趯，就是故意含糊和扭曲某些事实，这就是言辞的虚实。

那么，领导怎么避免被忽悠呢？办法就是韩非子说的，“我不要抢着先说话，而是让下属说，我保持昏沉沉的。让他评价和分析自己说的话，我因之而明白其正误。”也就是说，我保持半信半疑的状态，保持沉默，让他充分交代更深入的信息。当他说得多了的时候，就会发生自相矛盾，露出马脚。

3 小腿比大腿粗，不能快走

[原文]

欲治其内，置而勿亲；欲治其外，官置一人；不使自恣，安得移并？大臣之门，唯恐多人。……毋富人而贷焉，毋贵人而逼焉，毋专信一人而失其都国焉。腓大于股，难以趣走。主失其神，虎随其后。

[作者智解]

要治理内朝事务，就设置一个官，但不要对他太亲近（太亲近就无威）。要治理外朝，就每官设一个人，不要叫他们随心所欲，这样也就不会出现一个人同时有两个职权，或干预别人的岗位。大臣的家门，不能有很多人来登门（跑来追附结党）。不要使人富贵起来，那样他就能够来逼迫君主。不能专信一人而失去自己的国（专信一人，不如使用平衡术）。如果人的小腿比大腿还粗，那人就走不快了，所以臣子不能比领导还有势力。主上失去了自己的神秘莫测，虎就会跟在后面（指臣子就势力发展）。

延伸论据：李乾祐——不怕业绩差，就怕拉帮结派

以上说的，就是对于某个官职，不能给他过度的权力，不许他和别人交结、结党。信息也是权力的重要构件，所以也不能允许臣子之间分享信息和机密。所以，如果臣子和国君商量什么，臣子又把这信息透露给别人知道，君主都会严厉处置这种行为。

比如，唐朝的时候，有个官员叫李乾祐，他向皇帝推荐，想把崔擢提拔担任尚书郎。皇帝还没有完全批准这件事，李乾祐却把相关情况告诉了崔擢，这件事情后来被皇帝知道了。大臣把跟皇帝讨论事情的情形泄漏出去属于严重违规，“君不密则失臣，臣不密则失身”，于是皇帝就罢免了李乾祐，之后李乾祐很快就死了。

这里，皇帝之所以这么忌讳，就是厌恶臣子间横向联系，分享信息。如果臣子间互相通气，彼此商量，那就跟结党差不多了，皇帝的权力就会逐渐被侵蚀掉。所以，皇帝要求臣子和自己一对一地沟通，每个臣子互相都是孤单、独立的。

权力的来源之一，就是人际网络，人与人的网络联盟的力量是很大的。臣子以信息分享结成人际网，这个网的枢纽人物，就会拥有权力。企业员工中的无形的领导，就是这样的人际网的枢纽人物。他没有被任命，但一样拥有权力。在古代，这种人际网络，在君主的角度就被贬称为朋党。所以下一节，韩非子又抨击了朋党。

4 上下级一日百战

[原文]

欲为其国，必伐其聚；不伐其聚，彼将聚众。欲为其地，必适其赐；不适其赐，乱人求益。彼求我予，假仇人斧；假之不可，彼将用之以伐我。黄帝有言曰："上下一日百战。"下匿其私，用试其上；上操度量，以割其下。……党与之具，臣之宝也。臣之所不弑其君者，党与不具也。

故上失扶寸，下得寻常。有国之君，不大其都；有道之臣，不贵其家。有道之君，不贵其臣；贵之富之，彼将代之。备危恐殆，急置太子，祸乃无从起。内索出圄，必身自执其度量。厚者亏之，薄者靡之。亏靡有量，毋使民比周，同欺其上。亏之若月，靡之若热。

[作者智解]

想治理好国家，一定要伐掉那些聚居的大户或势力（指贵族、望族）。当给人封地、地盘时，给的多少一定要适当。给多了，这个人就会要得更多。他要我就给，这是把斧子借给仇人（对方势力会更大），这样，对方就会拿着斧子来砍我了。黄帝说过："上下一日百战。"臣下藏匿自己的私心打算，来试探自己的上级，上级就应该使用度量（衡量），来切割下级（类似于木匠拿尺子绳墨，削平弯曲之处）。党友，是臣子的宝贝。臣子之所以不敢弑君，是因为党友不够。

上边的人失去一寸（把一点权力失给下属），下面的人就得了一丈。君主不要把臣子的封邑设得很大（这样臣下会据之反叛），君主不要使臣子过于尊贵（贵在古代指当官，富指有钱，贵和富还不一样），使他又贵又富，他就要取代你了。防备危害的办法是尽快定下太子，这样祸乱就不会起来了。

要自己拿着度量（类似绳墨、尺子，也就是法）。下属势力太强的，就给他削弱，势力弱的就给他壮大。弄多弄少，有量的要求，以不使他们联合一起欺负上级为标准。把他削弱，要逐渐地来，好像月亮逐渐亏下去；把他壮大，也要逐渐地，好像慢慢加热一样。

延伸论据：唐玄宗——更早的“杯酒释兵权”

这是讲，不能叫臣子发展成大家族，不能有大的封邑。如果臣子势力强了，要把他削弱。而下属中势力弱的，要适当扶植，使他可以制衡其他势力强的。比如，提拔一些新的、弱的，制衡老的、强的。

以汉朝初年为例，刘邦先是封了七大异姓诸侯，到了次年，就把其中的楚王韩信废掉。然后，刘邦把韩信的楚国，一分为二，淮东地区五十二城，封给将军刘贾为荆王，定都苏州；皇上的弟弟（刘老四）刘交，封为楚王，王淮北三十六城，定都彭城（离韩信从前的都城下邳不远）。

接着，刘邦又把自己的外室所生的长子刘肥，封到齐国，是为齐王，有七十余城。这个齐国，曾经也是韩信的封国。这就是削树枝，但也是一步步地，先削掉韩信这一根树枝，随后又用上“掺沙子”策略。

再以唐朝为例，在唐玄宗以前，每一代的皇太子，按理说都应该顺利继位，结果没有一个能继位，都被弟弟们杀死了，由弟弟乃至侄子通过政变夺得皇位。

弟弟总是夺皇太子权。当然，弟弟本人不容易做到这一点，正是贵族的力量大，帮助他做到了这一点。如果贵族弱，这些事情就不会发生（比如明朝），而且贵族们也分成帮派，支持不同的皇子。于是，唐玄宗继位后，在宰相姚崇等人的辅助下开始限制皇室贵族的权力，包括这些举措：

第一，将有政治号召力的李姓亲王（亲王即贵族）都遣往地方担任刺史，而且并不负责具体管理，只挂虚名。为了防止诸王跟地方形成过分紧密的联系，诸王还需经常更换辖州。

第二，削减亲王、公主的僚佐系统。在唐朝前期，诸王都有王府，李世民能发动政变，靠的就是王府里的文官武将。唐玄宗上台以后，对此严加限制，从而堵住了秦王和他的僚属结成集团之路。这就类似于韩非子说的，不能让臣子有党友。亲王府里的官员，不能由亲王自己任命，而是要朝廷统一任命，这就是限制臣子党友的办法。

就这样，历任皇帝积累下来的叔叔、大伯、侄子等远近亲戚贵族亲王的人脉，势力就变弱了。他们弱了，就没有能力跟皇子联系，也就没有可能去扶植某个皇子搞政变，威胁皇帝或皇太子了。

相应地，贵族权力削弱后，由科举制产生的官僚和宦官开始增强，后者更容易管控。

这种博弈的特点是顺应和过渡，也采用了韩非子本篇说的，对官职权力的分割、对党友的伐断等技术。削减其权力，“要逐渐地来，好像月亮逐渐亏下去”。

作为中国式博弈，原则就是在因循中逐渐过渡，不用过激手段。具体方式有下面两条：

一是除去亲王府的官员任命权，这也就是下一节比喻的“削树枝”。

二是逐渐引入科举制人才，这就是“掺沙子”策略。

一推一拉，有推有拉，彼此制衡，这就是中国式博弈的策略。

5 一根竹竿上不能站两只公鸡

［原文］

一栖两雄，其斗噸噸。豺狼在牢，其羊不繁。一家二贵，事乃无功。夫妻持政，子无适从。为人君者，数披其木，毋使木枝扶疏；木枝扶疏，将塞公闾，私门将实，公庭将虚，主将壅围。数披其木，无使木枝外拒；木枝外拒，将逼主处。数披其木，毋使枝大本小；枝大本小，将不胜春风；不胜春风，枝将害心。公子既众，宗室忧吟。止之之道，数披其木，毋使枝茂。木数披，党与乃离。……探其怀，夺之威。主上用之，若电若雷。

［作者智解］

一根竹竿上不能站两只公鸡。一栖两雄（雄鸡），它们就会互相斗（指不要让身边的人发生猜疑分裂，像太子和后妻那样互相争，这不利于君主）。有豺狼在羊圈里，羊就不会繁殖（指有权臣）。一家有两个贵人，事情就做不成功。夫妻都执政，儿子就无所适从。作为人君，要经常削掉树枝中的一部分，使它稀疏。如果树枝太茂密，就把你家的大门堵上了（比喻臣下势力太大）。私家不断充实，国君家就会逐渐虚掉，所以要经常披其枝，不要叫它的枝子横伸出来。横伸出来，就会逼上面的主子了。枝叶太大，就会不胜春风，一吹就断了，危害到树干（指枝叶太大，风一吹，就折了，把树干弄折了，比喻害到君主。臣子是树枝，君主是树干）。要经常把树枝削疏，他的党友才疏离。探其怀，夺掉下属的威，这样君主才可以若电若雷。

（以上说的，总体来讲还是对于某个具体的臣子，要限制他的权力和势力，不能让他过于尊贵、过于富贵。一根竹竿上站两只公鸡，意思就是卧榻之侧不能容别人酣眠。）

第七章
八奸：处理关系的八种技巧

1 获得君主宠信

［原文］

凡人臣之所道成奸者有八术：一曰同床。何谓同床？曰：贵夫人，爱孺子，便僻好色，此人主之所惑也。托于燕处之虞，乘醉饱之时，而求其所欲，此必听之术也。为人臣者内事之以金玉，使惑其主。

二曰在旁。何谓在旁？曰：优笑侏儒，左右近习。观貌察色以先主心者也。此皆俱进俱退，皆应皆对，一辞同轨以移主心者也。为人臣者内事之以金玉玩好，外为之行不法，使之化其主。

［作者智解］

人臣弄奸的办法有八个：第一是同床，就是说，宠爱夫人，喜欢小妾和美色。这些人趁着喝酒高兴的时候，向君主提要求，君主一定会答应。于是人臣就会交结这些受宠美女，送给她们金玉，让她们替自己美言，迷惑主子，而自己得官。这就叫同床。

第二是君主身边的人，也就是君主身边的倡优侏儒，陪侍君主的内臣们。这些人善于观察揣测主子的想法，通过察言观色，不等主子开口，就了解主子的想法，然后一起行动，异口同声地转移和影响主子。人臣通过交结这些人，送给他们金玉，替他们在外面干违法的事来为他们谋好处，从而讨好他们，然后借他们来影响主子、迷惑主子（使君主信任他）。

（这样的人，比如唐玄宗身边的高力士。不过，即便朝中贤良的大臣，比如张居正，其实也需要和这些近臣搞好关系，不然就会无所措手足。这一点需要意识到。）

延伸论据：识破曾从子的小算盘

君主身边的人，并不一定忠于君主，而仅仅是为了搞钱，所以他们也可以成为奸臣。我们看一下曾从子的故事。

因为卫国国君怨恨吴王，曾从子善于相剑，就想替卫国君去刺杀吴王。曾从子对卫国君说："吴王喜欢宝剑，我是相剑的。我去给吴王相剑，拔出剑来给他看，然后一下子刺杀他。"卫国君说："你想干这个，不是出于义，而是为了利。吴国强大而且富，卫国弱贫。你去了那儿以后，我怕你改替吴王效力而对付我。"于是驱逐了曾从子。

这里，卫国国君善于把握下属的心理。曾从子愿意去刺杀吴王，仅仅是为了拿到赏金，但是吴国更有钱，完全可以收买曾从子，所以这个刺客的忠诚度就很低。

如果他是爱卫国君，那么出于这个目的去刺杀，则是可以理解和接受的。所以，这就要研究人做事的动机。卫国君发现了他的动机是钱，而不是对我的爱和忠诚，所以驱逐了他。

所以，身边的人所表现出来的爱和憎都是表面的，君主一定要了解他们的动机和小算盘。

2 管理好亲属

[原文]

三曰父兄。何谓父兄？曰：侧室公子，人主之所亲爱也；大臣廷吏，人主之所与度计也。此皆尽力毕议，人主之所必听也。为人臣者事公子侧室以音声子女，收大臣廷吏以辞言，……以劝其心，使犯其主。

[作者智解]

第三是父兄。就是君主的近臣、公子、亲戚，他们是君主所亲近和爱的人，还有大臣、廷吏，是君主常一起商量事情的人。这些人拿出意见，君主一定都会听的。那么，臣子们就用音乐、美女讨好这些人，叫大臣、廷吏替自己美言，来影响君主的想法，最终损害君主的利益。

延伸论据：鲁丹——警惕上位者的身边人

不过，通过君主身边的亲戚来影响君主，现实中并不可靠。我们举例来看一下：

鲁丹三次劝说中山王，但是后者不接受，不肯任用他当官，于是鲁丹送了五十斤金子给中山王的左右。再次见面的时候，中山王很高兴，还赐他饭食。鲁丹出来后，就离开了中山。他的车夫说："大王不是对你很好吗？怎么要走？"

鲁丹说："因为别人说的话，他就对我好，也一定会因为别人说了什么而对我不好。"不等他出境，就有公子在中山王面前说了他的坏话："这人是替赵国来我们这儿当间谍的。"于是，中山王就派人出来抓他。

这个故事说明，指望别人帮你说好话，是不可靠的，对方也会说你坏话。同时，这些收了钱替你美言的人，随时也会倒戈，拿了别人的钱，从而说你坏话。特别是领导身边的父兄也有各派，彼此矛盾斗争，想叫他们众口一词全替你说话，是不现实的。与他们结交的弊端就是，他们之间的矛盾冲突会波及你，到时候就是人在屋中坐，祸从天上来了。

3 迎合爱好

[原文]

四曰养殃。何谓养殃？曰：人主乐美宫室台池，好饰子女狗马从娱其心，此人主之殃也。为人臣者尽民力以美宫室台池，重赋敛以饰子女狗马，以娱其主而乱其心，从其所欲，而树私利其间。

[作者智解]

第四是养殃。人主喜欢宫室、台池，美女、狗、马，那么权臣就多调民力去修这些台池，多加赋税来养美女、狗、马，来讨君主的欢心，使得君主喜欢他，从而满足他的各种欲望、要求，获得利益。

延伸论据：王莽——讨得权力者的芳心

关于这一点，古代的例子很多，我们说说王莽。王莽做大司马时，东汉有权力的人是皇太后，于是，王莽把从自己的封户所收来的上千万租税钱，送给皇太后身边的人。他前后给太后身边的人送的钱累计有数千万钱，太后身边的人共同赞誉王莽。王莽又知道太后在深宫中没意思，就让她忙于玩乐而把权力交给自己。叫太后一年四季驾车巡狩四郊，去外地接见孤寡贞妇，并且让太后在接见民众时发出施舍，赐给民众钱、牛和酒，年年如此，岁以为常。这都是哄太后在这些活动中乐而忘返。太后身旁的弄儿（逗太后开心的小厮）病了，住在外面，王莽亲自去探望。他想办法讨太后开心，一直如此。

后代的奸臣讨皇上的喜欢和信任，也不过如此。满足皇上的欲望，伺候好皇上去玩，这就是韩非子说的“养殃”，培养领导者的不良嗜好。而这些喜欢美女、台池的不良嗜好，诱惑力是很大的，很耗时间和精力，领导者无心留意权力和正事，就授权给权臣了。

4 邀买民心

[原文]

五曰民萌。何谓民萌？曰：为人臣者散公财以说民人，行小惠以取百姓，使朝廷市井皆劝权誉己，以塞其主而成其所欲，此之谓“民萌”。

[作者智解]

第五是民萌。人臣散出公家钱财给民众，以取悦于大家，靠小恩小惠取悦百姓，使朝廷、市井都称誉自己，从而蒙蔽君主以实现自己的私欲。这就叫民萌。

延伸论据：田氏收买人心，成功篡位

这里是讲臣子收买民心，会威胁到君主的权位。可以讲讲齐国田氏的故事。

齐国的相国晏子到晋国出使，和晋国大夫叔向吃饭。席间，叔向问晏子："齐国现在怎么样啊？"

晏子答说："如今是走下坡路了。社稷多半要转到田氏手里了。在我们齐国，老百姓把三分之二的收成上缴国税（齐景公收了太多的税），国库里的东西堆得都腐烂了，老百姓却冻馁啼号。趁这个悲惨局面，田氏一族抚恤百姓，散发家财。陈家大斗出，小斗进，让借贷的人白占便宜。陈家卖的木材，市场价跟山里价一样；陈家卖的鱼虾鲍盐，也跟海边产地平价。陈家赔本赚吆喝，老百姓敬爱他们如同父母，追随田氏好比江河。所以说，田氏快要接管齐国了，陈家祖上的鬼已经附在我们的宗庙里了。"

齐景公对民众严刑厚敛，而田氏趁机收买人心，实行仁政，这样田氏的势力就大了。一百多年后，田氏确实篡位了，当了齐国国君，这就是田姓齐国。

5"建议"一定都要听吗

[原文]

六曰流行。何谓流行？为人臣者求诸侯之辩士，养国中之能说者，使之以语其私。为巧文之言，流行之辞，示之以利势，惧之以患害，施属虚辞以坏其主，此之谓"流行"。

[作者智解]

第六是流行（世俗的主流说法）。人臣找到诸侯的辩士，国内能说的人（专家），叫他们巧为文辞，用流行的说法给君主讲什么事，用什么祸患吓唬君主，最终损害君主。这就是流行。

延伸论据：燕王哙——避免被专家骗

关于安排游说者去劝君主，使用社会上流行的大道理怂恿君主，从而给自己买好处，可以看燕王哙的例子。

这一天，燕王哙在宫中。

苏代跑来对他说："我从齐国出差来看看您。"

"齐宣王的能力怎么样？"

"快亡国了！"

燕王哙大惊："为什么啊？"

"他不信大臣啊。从前齐桓公爱管仲，举国交付管仲一人，内外事务都决断于他，于是一匡天下，九合诸侯。现在齐宣王没有这个魄力了，所以快亡国啦！"

"哎呀，我也没有听信重用相国子之啊，那我抓紧吧，明天再上朝，我就全听他的。"

相国子之听说以后，心里偷着乐，把一百镒黄金送给苏代，作为酬谢费。苏代就属于游说之客，依附权势的知识分子，拿着似是而非的大道理忽悠燕王哙的。

燕王哙想把权力让给子之，这个想法还没有落定，又有人跑到燕王哙那里，牵强附会地劝他禅让。

鹿毛寿哄骗他说："不如您把国家禅让给子之吧。人们为什么称道尧帝，就是他把天下让给了贤人许由。许由还不接受，于是尧帝有了让天下的美名，却还不失去天下。我觉得这是个很好的卖点，您禅让给相国子之，他也必不敢接受，这样您和他分别都有了尧帝和许由的美名。"

燕王哙听信了，召来相国子之说："子之啊，贤人啊，国家全靠了你啦，我想让你接替王位，怎么样？"

子之说："那下臣我就不好意思啦！明天我就到您办公室上班吧！"

啊！这把燕王哙惊得瞪眼张嘴，闭不上。他没谦让啊！

子之身为相国，位贵权重，主断国事，势力可观。燕王哙原本就权力松动，第二天，干脆把王位禅让给子之了，就这样，燕王哙失去了国家。实际上，这些劝他禅让的人，都是子之派来的。这就是韩非子说的，权臣派人从第三方的口吻来说些大道理忽悠君主，这是领导者不得不防的。所以，不能轻信那些世俗流行的大道理，说客们就爱发明一些名词，未经检验的真理，来游说领导。至于对不对，那他就不负责了。

6 上位者应对八奸

[原文]

七曰威强。……为人臣者，聚带剑之客，养必死之士，以彰其威，明为己者必利，不为己者必死，以恐其群臣百姓而行其私，此之谓"威强"。八曰四方。……为人臣者，重赋敛，尽府库，虚其国以事大国，而用其威求诱其君；甚者举兵以聚边境而制敛于内，薄者数内大使以震其君，使之恐惧，此之谓"四方"。凡此八者，人臣之所以道成奸，世主所以壅劫，失其所有也，不可不察焉。

明君之于内也，娱其色而不行其谒，不使私请。其于左右也，使其身必责其言，不使益辞。其于父兄大臣也，听其言也必使以罚任于后，不令妄举。其于观乐玩好也，必令之有所出，不使擅进擅退，不使群臣虞其意。其于德施也，纵禁财，发坟仓，利于民者，必出于君，不使人臣私其德。其于说议也，称誉者所善，毁疵者所恶，必实其能，察其过，不使群臣相为语。其于勇力之士也，……不使群臣行私财。其于诸侯之求索也，法则听之，不法则距之。……群臣知不听，则不外诸侯，诸侯知不听，则不受臣之诬其君矣。

明主之为官职爵禄也，所以进贤材劝有功也。……官贤者量其能，赋禄者称其功。是以贤者不诬能以事其主，……今则不然，不课贤不肖，不论有功劳，用诸侯之重，听左右之谒，父兄大臣上请爵禄于上，而下卖之以收财利及以树私党。故财利多者买官以为贵，有左右之交者请谒以成重。功劳之臣不论，官职之迁失谬。……是以贤者懈怠而不劝，……此亡国之风也。

[作者智解]

第七是威强，也就是聚集剑客、死士，来显示自己的威武，表明为他谋利的就给回报，不为他的就遭杀，吓唬百姓和群臣，满足自己的私欲。

第八是四方，就是权臣加重税敛，花尽府库的钱，来侍奉大国，再用大国之威来吓唬自己的国君，甚至叫大国陈兵边界，让国君害怕，从而使国君满足他的要求。

以上八个，都是臣子弄奸的办法。君主被臣子壅塞劫持，不可不知。（以上算是下级的博弈策略，下面是君主的对抗策略。）

明君的应对办法有很多。第一，爱妻妾们的美艳，但是不要答应她们的请托；第二，对于左右近臣，叫他们跑腿但是不允许他们多说职能之外的话；第三，对于父兄大臣，听他们的话，一定要责察其最后的结果，不能胡乱举荐人；第四，对于池台玩好，一定要按政策来搞，不能听某个人的意见就私自决定搞，从而避免奸臣献谄；第五，对于施惠给民众，一定是要出自国君，不能叫人臣把这个好处占了去；第六，对于议论，说谁好也罢，说谁坏也罢，一定要落实他的实际能力，检查他是否有过错，不能听群臣互相口说；第七，不许臣子私下给勇士钱财；第八，对于大国诸侯向他索要东西，合理就给，不合理就拒。当群臣知道他不会轻易受制于外面的诸侯，就不会再向外交结诸侯了。

明主设置官爵，是为了提拔贤人和劝大家立功的，所以要根据能力和业绩，这样贤者都会竭尽全力。现在则不然，封官不看能力高低、功劳大小，而听左右人请托。父兄大臣向国君要来爵禄，然后卖给下面的人，成为自己的私党。有钱的就买官，有关系的就请托国君左右的人，能干的人反而没了机会，于是大家都消极怠工，这样只能等着亡国了。

（用人不当，管控都不足，被自己亲信的人忽悠。这些人收受好处，向领导要来利益，编织自己的党羽，这确实是领导者被人蒙蔽的地方啊。所以，领导对于自己身边的人，要保持警惕。）

第八章
十过：团队领导人常犯的十个错误

1 小忠是大忠的敌人

［原文］

一曰行小忠，则大忠之贼也。昔者楚共王与晋厉公战于鄢陵，楚师败，而共王伤其目。酣战之时，司马子反渴而求饮，竖谷阳操觞酒而进之。子反曰："嘻！退，酒也。"谷阳曰："非酒也。"子反受而饮之。子反之为人也，嗜酒，而甘之，弗能绝于口，而醉。战既罢，共王欲复战，令人召司马子反，司马子反辞以心疾。共王驾而自往，入其幄中，闻酒臭而还，曰："今日之战，不穀亲伤。所恃者，司马也，而司马又醉如此，是亡楚国之社稷而不恤吾众也。不穀无复战矣。"于是还师而去，斩司马子反以为大戮。故竖谷阳之进酒，不以仇子反也，其心忠爱之而适足以杀之。故曰：行小忠，则大忠之贼也。

［作者智解］

君主常犯的十个过错。第一，是奉行小的忠，而实际上损害了大的忠。

从前，楚国和晋国在鄢陵交战。到了晚上，楚国的司马子反准备睡觉，觉得口渴，就让服务生拿饮料来。服务生抱着黍子酿的酒送给他。子反呵斥道："哼！快拿下去，这是酒！"

“这不是酒，老爷。”

“谁说不是！”

“真不是酒，不信您尝尝。”

子反接过来喝了一口，味道还不错，就一杯接一杯地喝起来了。子反不能自控，结果把自己给喝醉了。

次日不等天亮，楚共王乘车跑来，找他商议军机，一进帐中，闻到酒味就全明白了。共王叹道：“昨天的战斗我负伤了，所依靠的只有司马了，可是司马又这样，这是忘记了楚国的社稷呀。”

子反不能议事，楚共王自料难于取胜，干脆一早收拾东西走人，楚军撤退了。司马子反酒醒以后，被迫自杀，以谢天下。那个送酒给子反喝的服务生，自认为是爱子反，忠于子反，想让子反喝点可口的，却恰好害了他。所以古人总结说，小忠是大忠的祸害。

2 贪小便宜

[原文]

二曰顾小利，则大利之残也。奚谓顾小利？昔者晋献公欲假道于虞以伐虢。……乃使荀息以垂棘之璧与屈产之乘赂虞公而求假道焉。虞公贪利其璧与马而欲许之。……荀息伐虢克之，还反处三年，兴兵伐虞，又克之。……爱小利而不虑其害。故曰：顾小利，则大利之残也。

[作者智解]

第二，顾小利，则大利受损害。

晋国打算进攻虢国，但是虞国和虢国，互为犄角。于是，晋献公把屈产良马和垂棘之璧送给虞国国君，请求借道。虞公贪图财宝，答应借道。晋国灭了虢国，然后在回来的路上，经过虞国时，又灭了虞国。虞公贪图小利，结果丧失了国家。所以说，小利，是对大利的残害。

3 过刚无礼

[原文]

三曰行僻自用，无礼诸侯，则亡身之至也。奚谓行僻？昔者楚灵王为申之会，宋太子后至，执而囚之；狎徐君；拘齐庆封。中射士谏曰："合诸侯，不可无礼，此存亡之机也。昔者桀为有戎之会而有缗叛之，纣为黎丘之蒐而戎、狄叛之，由无礼也。君其图之。"君不听，遂行其意。居未期年，灵王南游，群臣从而劫之。灵王饿而死乾溪之上。故曰：行僻自用，无礼诸侯，则亡身之至也。

[作者智解]

第三，行为乖张，刚愎自用，无礼于诸侯，必然自身倒霉。

从前，楚灵王在申县召集诸侯大会，宋国太子迟到，于是把他抓起来关押，侮辱徐国国君，又拘留了齐国的庆封。大夫劝谏："聚合诸侯，不可无礼，这是存亡的关键啊。如果无礼，大伙就会背叛你。"楚灵王不听，还是随心所欲。没两年，趁他南游，群臣端了他的老窝，占了他的都城。楚灵王无处可走，流落野外，最后饿死。所以说，行僻自用，无礼于诸侯，就会导致自身灭亡。

4 沉迷娱乐

[原文]

四曰不务听治而好五音，则穷身之事也。奚谓好音？昔者卫灵公将之晋，至濮水之上，税车而放马，设舍以宿。夜分，而闻鼓新声者而说之。使人问左右，尽报弗闻。……因复留宿。明日，已习之，遂去之晋。晋平公觞之于施夷之台。酒酣，灵公起。公曰："有新声，愿请以示。"平公曰："善"。乃召师涓，令坐师旷之旁，援琴鼓之。未终，师旷抚止之，曰："此亡国之声，不可遂也。"平公曰："此道奚出？"师旷曰："此师延之所作，与纣为靡靡之乐也。及武王伐纣，师延东走，至于濮水而自投。故闻此声者，必于濮水之上。先闻此声者，其国必削，不可遂。"

……平公问师旷曰："此所谓何声也？"师旷曰："此所谓清商也。"公曰："清商固最悲乎？"师旷曰："不如清徵。"公曰："清徵可得而闻乎？"师旷曰："不可。古之听清徵者，皆有德义之君也。今吾君德薄，不足以听。"……师旷不得已，援琴而鼓。……平公提觞而起为师旷寿，反坐而问曰："音莫悲于清徵乎？"师旷曰："不如清角。"平公曰："清角可得而闻乎？"师旷曰："不可。……"平公曰："寡人老矣，所好者音也，愿遂听之。"师旷不得已而鼓之。……大风至，大雨随之，裂帷幕，……坐者散走，平公恐惧，伏于廊室之间。晋国大旱，赤地三年。平公之身遂癃病。故曰：不务听治，而好五音不已，则穷身之事也。

[作者智解]

第四，不努力听政，而喜欢五音（音乐），会导致自己困窘。

从前，卫灵公去晋国，经过濮水，夜里睡觉时，听到有人弹奏新潮的音乐，问左右的人，都说没听见。于是叫来师涓。师涓静静地听，都记下了，随即自己也照着弹奏，直到弹熟了。到了晋国后，卫灵公跟晋平公喝酒，卫灵公说："我有一首新曲子，给霸主也听一下。"叫师涓演奏。

师涓演奏了一会儿，晋国的乐师师旷就止住了他，说这是亡国之音，不能听。晋平公问怎么回事。师旷说："从前，商纣王下面有个乐师叫师延，给纣王作了一首靡靡之音的曲子。到了周武王伐纣的时候，师延无路可走，在濮水投河死了。这首曲子一定是在濮水上听到的。听了这首音乐，国家一定会被削弱，所以不能听。"

晋平公问："那这是什么曲子呢？"

师旷说："这首曲子叫《清商》。"

晋平公说："《清商》是最悲的曲子吗？"

师旷说："不如《清徵》更悲。"

晋平公想听，师旷说的是有德之君才可以听，你的德行浅薄，不能听。晋平公非要求，师旷只好给他弹了一下《清商》。刚一弹，就见到有鹤从南方飞来，再弹，鹤就在门口排成了列，再弹，鹤就开始跳舞。晋平公大悦。

晋平公说："还有比这个更悲的吗？"

师旷说："那就是《清角》了。"

晋平公也要听，师旷说这是黄帝才配听的，你的德行不够，听了，恐怕要遭罪。晋平公非要听。

于是，师旷演奏起来，当即乌云翻滚，飞沙走石，吓得晋平公趴在地上不敢起来，结果晋国大旱三年，晋平公还得了偏瘫的病。所以说，不务治国，迷恋听什么五音，没完没了，会让自己困窘。

（关于听音乐就会影响国政，墨子也有议论，主要是从浪费人力和时间角度来说的。《乐书》则说一些诱惑力强的靡靡之音会勾出人的贪欲邪念。总之，音乐的类别是陶冶情操还是败坏心灵，需要区分。在古代，书籍少，音乐因此有文教属性。抓好音乐，实际是抓好教育。）

5 利令智昏

[原文]

五曰贪愎喜利，则灭国杀身之本也。奚谓贪愎？昔者智伯瑶率赵、韩、魏而伐范、中行，灭之。反归，休兵数年，因令人请地于韩。韩康子欲勿与，段规谏曰："……与之，彼狃，又将请地他国。……如是，韩可以免于患而待其事之变。"康子曰："诺。"因令使者致万家之县一于知伯。知伯说，又令人请地于魏。……宣子曰："诺。"因令人致万家之县一于知伯。知伯又令人之赵请蔡、皋狼之地，赵襄子弗与。知伯因阴约韩、魏将以伐赵。

……因舒军而围之，决晋阳之水以灌之。……夜遣孟谈入晋阳，以报二君之反。……至于期日之夜，赵氏杀其守堤之吏而决其水灌知伯军。知伯军救水而乱，韩、魏翼而击之，襄子将卒犯其前，大败知伯之军而擒知伯。知伯身死军破，国分为三，为天下笑。故曰：贪愎好利，则灭国杀身之本也。

[作者智解]

第五，贪婪，会导致杀身亡国之祸。

从前，智伯是晋国卿族中最强的一家。智伯跟赵、魏、韩三家要土地，韩康子不肯给。家臣说："还是给吧。等智伯占惯了便宜，上了瘾，就会再跟别人伸手。别人不买他的账，到时候打起来，咱就有戏瞧了。"

于是，韩康子划出一个万户人口的封邑，送给智伯。

智伯接了，又跟魏桓子要地。魏桓子也只好给了。

智伯又跟赵无恤要。但赵无恤死活不肯给，毅然回绝智伯的使者。

于是，智伯带着智、魏、韩三家联军，跑来进攻赵无恤的晋阳。他修筑堤坝，决晋水入坝，以灌晋阳。

赵无恤的家臣张孟谈先后潜入韩、魏两家军营里串联游说。韩、魏同意阵前倒戈，约时动手，一起打倒智伯。

第二天夜里，智伯正在营里睡觉，听到人马鬼哭狼嚎。原来，韩、魏两家已经倒戈，杀死守堤军士，掘开堤坝，把水倒灌进了智氏军营。智伯军被杀了一夜，终于全军覆没。智伯被俘后，遭到斩杀，自家的土地也全分给了赵、魏、韩三家。

智伯身死军破，国分为三，为天下笑。所以说，贪婪好利，是导致自己身死国亡的原因啊。

（他总是跟人要土地，别人有的屈服但心不服，有的则根本不屈服，于是三家终究合伙灭掉了他。这是自己贪大头，最后一场空吧。）

6 贪爱女色

[原文]

六曰耽于女乐，不顾国政，则亡国之祸也。奚谓耽于女乐？昔者戎王使由余聘于秦，穆公问之曰："……愿闻古之明主得国失国常何以？"由余对曰："臣尝得闻之矣，常以俭得之，以奢失之。"穆公曰："寡人不辱而问道于子，子以俭对寡人，何也？"由余对曰："臣闻昔者尧有天下，饭于土簋，饮于土铏。……东西至日月之所出入者，莫不宾服。尧禅天下，虞舜受之，作为食器，斩山木而财子，削锯修其迹，流漆墨其上，输之于宫以为食器。诸侯以为益侈，国之不服者十三。舜禅天下而传之于禹，禹作为祭器，墨染其外，而朱画书其内，缦帛为茵，蒋席颇缘，觞酌有采，而樽俎有饰。此弥侈矣，而国之不服者三十三。……臣故曰：俭其道也。"

由余出，公乃召内史廖而告之，曰："……今由余，圣人也，寡人患之，吾将奈何？”内史廖曰：“臣闻戎王之居，僻陋而道远，未闻中国之声。君其遗之女乐，以乱其政，……”乃使内史廖以女乐二八遗戎王，因为由余请期。戎王许诺，见其女乐而说之，设酒张饮，日以听乐，终岁不迁，牛马半死。由余归，因谏戎王，戎王弗听，由余遂去之秦。秦穆公迎而拜之上卿，问其兵势与其地形。既以得之，举兵而伐之，兼国十二，开地千里。故曰：耽于女乐，不顾国政，则亡国之祸也。

[作者智解]

第六，沉溺于女乐，不顾国政，导致亡国。

从前，戎人的国王派由余出使秦国。秦穆公问：“我想听听古代明君得到国家、失去国家都是怎样的。”由余说：“都是因为俭朴而得到国家，因为奢侈而失去国家。”秦穆公说：“具体是什么情况呢？”

由余说：“从前尧这个人，吃饭用土碗，喝汤用土杯，于是天下都臣服。尧把天下禅让给了舜，舜制作餐具，砍了山上的树当材料，削锯加工做成样子，上面再涂上漆，放到宫里当餐具。诸侯都觉得有点奢侈，有十三家诸侯就不服舜了。舜把天下禅让给了禹，禹制作祭器，用墨染其外面，用朱漆画其里面，用帛做垫子，席子也做成花纹，酒杯都有文采，器具也都有装饰，这是更奢侈了，于是不服的诸侯就有三十三家了。夏朝灭亡后，商朝开始，制作大路车，建九旒旗，餐具都是雕琢的，酒具则刻镂，墙上和地上都雕饰花纹，这更奢侈了，于是不服的诸侯国增加到了五十三个。所以我说，俭朴是正道。”

由余走后，秦穆公对内史说：“由余是个圣人啊。邻国有这样的圣人，对我们是不利的，怎么办？”

内史说：“戎王住在偏僻的地方，没有听过中国的音乐。您赠给他女乐，以乱其政，由余必然进谏，这样他们君臣疏远，咱们就好办了。”

于是，秦穆公送给戎王十六个会歌舞的美女。戎王乐了，每天喝酒看歌舞，一年不干事，国家的牛马都死了一半。由余进谏，戎王不听，由余干脆离开戎国，投奔了秦。秦穆公拜由余为上卿，从他那里问清楚了戎国的兵力和地形，举兵讨伐。灭十二国，开地千里。

所以说，沉溺于女乐，不顾国政，这是亡国之道啊。

7 甩手掌柜

[原文]

七曰离内远游而忽于谏士，则危身之道也。奚谓离内远游？昔者齐景公游于海而乐之。……颜涿聚曰："君游海而乐之，奈臣有图国者何？君虽乐之，将安得。"齐景公曰："寡人布令曰'言归者死'，今子犯寡人之令。"援戈将击之。颜涿聚曰："……臣言为国，非为身也。"延颈而前曰："君击之矣！"君乃释戈趣驾而归。至三日，而闻国人有谋不内齐景公者矣。齐景公所以遂有齐国者，颜涿聚之力地。故曰：离内远游，则危身之道也。

[作者智解]

第七，离内远游而不听劝谏，是危身之道。

从前，齐景公到海边旅游，高兴得很，不想回去。颜涿聚说："您不回去了，如果国内臣子造反怎么办？"齐景公说："我已经说了，不许劝我回去，否则杀了你。"说完，挥戈就要砍他。颜涿聚伸出脖子，说："我是为了国家，不计较自己，你要杀就杀！"齐景公没办法了，只好乘车回去。回来就听说，确实有人想趁机谋反。齐景公很感谢颜涿聚。所以说，离开宫远游，是对自身有危害的啊。

8 不听忠臣劝告

[原文]

八曰过而不听于忠臣，而独行其意，则灭高名为人笑之始也。奚谓过而不听于忠臣？……管仲老，不能用事，休居于家。桓公从而问之曰："仲父家居有病，即不幸而不起此病，政安迁之？"管仲曰："……知臣莫若君，君其试以心决之。"公曰："然则竖刁何如？"管仲曰："不可。夫人之情莫不爱其身。公妒而好内，竖刁自獖以为治内。其身不爱，又安能爱君？"公曰："然则卫公子开方何如？"管仲曰："不可。……开方为事君，欲适君之故，十五年不归见其父母，此非人情也。……"公曰："然则易牙何如？"管仲曰："不可。……易牙蒸其子首而进之，君所知也。人之情莫不爱其子，今蒸其子以为膳于君，其子弗爱，又安能爱君乎？"

……居一年余，管仲死，君遂不用隰朋而与竖刁。刁莅事三年，桓公南游堂阜，竖刁率易牙、卫公子开方及大臣为乱。桓公渴馁而死南门之寝公守之室，身死三月不收，虫出于户。故桓公之兵横行天下，为五伯长，……为天下笑者，何也？不用管仲之过也。故曰：过而不听于忠臣，……则灭其高名为人笑之始也。

[作者智解]

第八，犯错还不听忠言，独按自己的主意办，这样导致自己身败名裂，为人所笑。

从前，齐国的相国管仲退休在家，国君齐桓公亲自来探望他。桓公坐下说："仲父，万一你不起了，群臣哪一个能接你的工作呢？"

管仲说："知臣莫过于君，您自己看吧。"

"竖刁怎么样？"

"竖刁为了接近你，还把自己阉了，他连自己的身体都不爱护，怎么会爱你？"管仲说。

"那——开方怎么样呢？"齐桓公说。

"开方为了服侍你，十五年不回家看父母，这不符合人情。人最亲爱的莫过于父母，他连父母死了都不奔丧，这样的人都是坏蛋。"

"易牙怎么样？我觉得他非常爱我，我曾经开玩笑说：'鸟兽虫鱼都吃过，就不知道人肉啥滋味。'第二天，他就把自己三岁的儿子杀了，做了一杯肉羹给我尝。"

管仲说："爱自己的儿子是人之常情，他连自己的儿子都不爱，又怎能爱你？"

管仲死后，齐桓公还是任用竖刁、开方、易牙。后来，这三人作乱，把齐桓公活活饿死了。尸体三个月都没有下葬，蛆都从门里跑了出来。齐桓公本来是诸侯霸主，却死得这么可怜，为天下人嘲笑。所以说，犯错而不听忠臣的，导致被天下人嘲笑。

9 仗恃别人的帮助

[原文]

九曰内不量力，外恃诸侯，则削国之患也。奚谓内不量力？昔者秦之攻宜阳，韩氏急。公仲朋谓韩君曰："与国不可恃也，岂如因张仪为和于秦哉！因赂以名都而南与伐楚，是患解于秦而害交于楚也。"公曰："善。"乃警公仲之行，将西和秦。楚王闻之，惧，召陈轸而告之曰："韩朋将西和秦，今将奈何？"陈轸曰："秦得韩之都一，驱其练甲，秦、韩为一以南向楚，此秦王之所以庙祠而求也，其为楚害必矣。王其趣发信臣，多其车，重其币以奉韩，曰：'不穀之国虽小，卒已悉起，愿大国之信意于秦也。因愿大国令使者入境视楚之起卒也。'"韩使人之楚，楚王因发车骑陈之下路，谓韩使者曰："报韩君，言弊邑之兵今将入境矣。"使者还报韩君，韩君大大悦，止公仲。公仲曰："不可。夫以实害我者，秦也；以名救我者，楚也。听楚之虚言而轻强秦之实祸，则危国之本也。"韩君弗听。……宜阳益急，韩君令使者趣卒于楚，冠盖相望而卒无至者。宜阳果拔，为诸侯笑。故曰：内不量力，外恃诸侯者，则国削之患也。

[作者智解]

第九，内不量力，只向外倚靠诸侯，也有国家削割之患。（自己国力不行，而指望别的诸侯帮忙。）

从前，秦国进攻韩国的宜阳。韩国很急，相国公仲朋对国君说："我们不如向秦国求和，送给它名都做贿赂，叫秦一起南下去打楚国，这样我们就没有危难了，让楚国受罪。"国君觉得好，打算派公仲朋向西去秦国说这个意思。楚国听到这消息，就害怕了。大臣陈轸出主意说："韩国想把祸水引向咱们，诱惑秦国一起来打楚。我们应该派使者，带着重礼，去韩国，说我们愿意发兵救你们，帮你们抵抗秦国的入侵。"

于是，楚国派出军队，到了韩国的南境，做出要支援的样子，并派使者对韩国说："我们的兵就要到你们国家了，帮你们救难，抵抗秦国入侵。"韩国君又大喜了，改了主意，叫公仲朋不要去秦国，而是等着楚军跟自己一起抗秦。公仲朋连忙说："不可，秦国是有实际行动可以害到咱们的，而楚国只是说空话来救我们，听楚国的空言而忽略秦国的实祸，国家必危。"

韩国君不听。这时候，秦国加紧攻打宜阳，韩国派人催楚军赶紧前来救援，但是楚军就是不来。宜阳最终被秦军拔下，被诸侯所笑。所以说，内部不自量力，对外仗恃诸侯来救，这样国家的领土必然被削割。

（这里是强调国力发展，对外交如纵横术表示贬低。这里举的例子，就是纵横家搞出来的联盟制约，存在很多变数，根本不可靠。具体是否属实，不好求证了。总之，外交是重要的一个方面。）

10 能力小还无礼

[原文]

十曰国小无礼，不用谏臣，则绝世之势也。奚谓国小无礼？昔者晋公子重耳出亡，过于曹，曹君袒裼而观之。

……重耳即位三年，举兵而伐曹矣。……故曹，小国也，而迫于晋、楚之间，其君之危犹累卵也，而以无礼莅之，此所以绝世也。故曰：国小无礼，不用谏臣，则绝世之势也。

[作者智解]

第十，国家小还无礼，不听谏臣的话，只能灭亡。

晋国的公子重耳，被父亲晋献公赶出了国，在外面流亡，经过曹国。曹国国君曹共公是个很不正经的人，他偷看重耳洗澡。

后来，重耳借助秦军的力量，回到了晋国，当了国君，三年后就带着晋国兵，去攻打曹国。（曹国被攻破，曹共公被抓了起来。）

曹国是小国，被夹在晋楚大国之间，本来就危如累卵，可是国君还无礼于重耳，这是它亡国的原因。所以说，小国无礼（没有礼节），还不听谏臣的，是灭国绝祀之路。

（这里相反，又主张外交的重要性了。）

第九章
孤愤：人才和近臣的博弈

1 权臣之路

[原文]

重人也者，无令而擅为，亏法以利私，耗国以便家，力能得其君，此所为重人为。智术之士明察，听用，且烛重人之阴情；能法之士劲直，听用，且矫重人之奸行。故智术能法之士用，则贵重之臣必在绳之外矣。是智法之士与当涂之人，不可两存之仇也。

当涂之人擅事要，则外内为之用矣。是以诸侯不因，则事不应，故敌国为之讼；百官不因，则业不进，故群臣为之用；郎中不因，则不得近主，故左右为之匿；学士不因，则养禄薄礼卑，故学士为之谈也。此四助者，邪臣之所以自饰也。重人不能忠主而进其仇，人主不能越四助而烛察其臣。

[作者智解]

重人（图私的权臣），他们的特点是没有命令就瞎干，违反法律来为自己谋利，损害国家以肥自家还能得到君主信任。智术之士，是能够明察、刚正、发现重人的阴情私谋的人。能法之士，是正直听话的人，能矫正重人的奸邪行为。任用他们，才能把重人给排斥出去。所以，智法之士和当道的重人，二者不并立。

（这里的“智法之士”指能法之士和智术之士的合称，也是运用法和术的人。其中的法，指设定目标，根据达成情况进行赏罚，这是明法。而术，则是检验下属有没有弄奸的一种办法。韩非子有时又合称他们为“法术士”。简单地说，就是用法和术两个博弈策略的人，他们可以帮助君主。法术士，其实就是法家分子。

关于术，举例来说。有一次，韩昭侯视察宗庙，看见用于祭祀的牲畜中，猪的个头小，就叫换成一头大的。结果，官吏偷着把刚才那猪又给摆上来了。韩昭侯说：“这不还是刚才那猪吗？”官吏一下子无以应答，被治罪了。跟班问：“国君怎么知道还是那猪啊？”韩昭侯说：“我是根据它的耳朵判断的。”

韩昭侯就是特别有谋术，时时提防被下属骗了，所以对猪都留个记号，同样的办法也可以用在餐馆吃饭。

本文的主要内容，就是抨击权臣，而支持法术士。）

重人往往都是权臣，他们擅有内外权力，百官不通过他就不能升官，所以百官也都只好说他好话；郎官不因为他就不能靠近主子，所以遇上事也替他遮掩（郎官是在内宫，是近臣）；学士（知识分子，在当时还不全是儒生）不投奔他就拿不到工资，所以学士也到处说他好话（知识分子的依附性，从先秦就开始了）。这样，重人得到了各方面的赞誉。他不会因忠于主子，而把自己的仇人推荐上去。主子也很难越过那些人的阻隔来觉察他有多坏。

延伸论据：田婴——下级怎么一步步揽权

这里讲了权臣是怎么专上权的，办法就是：那些有德有智的人会被他排挤，最终权臣包围君主，谋求私家好处。关于这一点，我们可以举齐威王的弟弟田婴怎么成为权臣的例子。

田婴是齐国的相国，结果他中了魏国的计策。当时，魏国与齐国有仇，魏国人跑来劝说齐国君称王，以便激怒楚国。田婴傻乎乎地促成了这件事，让齐威王当了大王。但是，南方的楚威王不乐意了，觉得你齐国也配称王？于是楚国来打齐国，作为对齐威王称王的报复，楚军把齐军杀得大败。（这也是魏国人最初的计策。）

作为战胜国，楚威王要求齐威王驱逐他的老弟田婴，因为后者是张罗着叫齐威王称王的人，是我所讨厌的。田婴派门客张丑，跑去游说楚威王，说："我们国家盼子将军是个很能打的人。这次您能战胜，是因为我们的相国田婴一直忌恨着盼子，不肯用他。您要是把田婴驱逐了，田婴不当齐相国了，盼子就会上来当将军。他整顿士卒跟您再打一仗，恐怕您的未来就不够好了。"

楚威王听听，也是这个道理，就把驱逐田婴的事罢休了。

盼子就是马陵之战中的副将田盼，是位久有经验的宿将。

可见，田婴一直压制着能人盼子。这就是他作为权臣的一个特点，为了巩固自己的相国位子，宁可打败仗，也要压着盼子，而任用无能的将官。这也是韩非子在本章说的，"百官不通过他就不能升官，所以百官也都只好说他好话"。这也是俗话说的拉帮结派，作为实现个人专权的办法。

田婴就这样长期专有了齐国的权力，导致齐国开始走下坡路。这也是为什么韩非子在本篇文章中，一再抨击权臣的原因了。

2 权臣的马太效应

［原文］

凡当涂者之于人主也，希不信爱也，又且习故。……朋党又众，而一国为之讼。则法术之士欲干上者，非有所信爱之亲、习故之泽也，又将以法术之言矫人主阿辟之心，是与人主相反也。……其可以罪过诬者，以公法而诛之；其不可被以罪过者，以私剑而穷之。是明法术而逆主上者，不僇于吏诛，必死于私剑矣。

朋党比周以弊主，言曲以使私者，必信于重人矣。故其可以攻伐借者，以官爵贵之。……今人主不合参验而行诛，不待见功而爵禄，故法术之士安能蒙死亡而进其说？

[作者智解]

凡是当道之人（也就是重人、权臣），无不得到君主的信赖，而且长期在一起，很了解君主的秉性。他们的朋党又多，一国之人都给他帮腔，而外来的法术之士本来跟国君不熟悉，不是国君所亲近喜爱的人，想劝醒君主认清权臣的本来面目，是很难的。一旦暴露出来，权臣必然报复他。如果他有罪过，就找个法令条款治罪于他；如果没罪过，就私下派人刺杀他。所以，明于法、术又忠于君主的人，不是被狱吏诛杀，就是被私家的剑客刺杀。

那些善于结党、善于美言从而给自己捞好处的人，一定都去投奔重人。重人觉得他们有用的，就给加官晋爵。

如果君主不能比对校验然后行罚，看见功绩然后行赏，那么法术之士怎么能够冒出来，有机会向君主进言？奸邪之臣又怎么能够引退下去？

延伸论据：惠施——跟君主左右的人搞好关系

这里，重人指君主亲信的人，包括贵族、近臣。他们熟悉君主，控制君主。法术士指职业官僚，运用法令体系进行管理的人。他们的关系，类比于企业，就是董事长的七大姑八大姨或者领导的熟人、朋友、关系户，与外来的职业经理人。

陈轸在魏国做官，很得魏王的喜欢和信任，但是相国惠施对他说："你得好好跟魏王左右的人搞好关系。"陈轸问为什么。惠施说："杨树枝子，横着放地上，它也长出根，活起来，竖着插地里，也会生起来，把它折断插下去，也能生。但是，假如十个人插它种它，而一个人拔它，那就完蛋了。哪怕十个人来种这易于活的杨树，还是抵不住一个人拔它。因为种它难，而拔它易。你虽然善于自我树立，得到大王信任，但是想拔掉你的人多，你还是会危险的。"

这就是说，君主身边的小人是惹不得的。小人虽然小，破坏力却是很大的。外来的职业经理人，与权贵之间，总是水火不容。不相信外人，其实也可以理解。你是外来的，干一段时间就走了，彼此没有任何质押。如果是希图短期利益，走的时候留下个烂摊子，这个损失谁来兜底呢？事实上，外来人也有薅羊毛的那种，这是不争的事实。

而亲戚近朋，从根本上跟老板的利益是捆绑的。如果诸侯真灭亡了，能殉死的常见的还是公子。虽然他们可能一时糊涂贪婪，而做出有损事业的事，但忠诚心应该比外来的人多一点。

3 近臣架空君主

［原文］

故主上愈卑，私门益尊。夫越虽国富兵强，中国之主皆知无益于己也，曰："非吾所得制也。"……人之所以谓齐亡者，非地与城亡也，吕氏弗制而田氏用之；所以谓晋亡者，亦非地与城亡也，姬氏不制而六卿专之也。今大臣执柄独断，而上弗知收，是人主不明也。……今袭迹于齐、晋，欲国安存，不可得也。

人主之左右不必智也，人主于人有所智而听之，因与左右论其言，是与愚人论智也。……智者决策于愚人，……则贤智之士羞而人主之论悖矣。

［作者智解］

主上越是卑落，权贵就越是尊贵。越国是个富强的国家，但人们都知道这对越王没有什么用，都说："已经不属于他了。"从前，齐国姜姓国君被田姓篡夺（齐国的君族本来是姜子牙的后代，但田乞的田氏家族，在战国初期篡位，建立了田氏的齐王族），就是这么回事。而晋国被赵魏韩三家卿瓜分，也是因为臣子权力过大。如果大臣拿着权柄独断，而主上都不知道，那君主就是糊涂昏弱的，早晚也得走齐晋的老路。

君主的左右近臣（属于权贵）未必是有智力的人，君主和有智慧的士人谈论完事，再和左右的人进行商议，这是叫蠢的人来评论聪明的人啊。聪明的人受制于蠢的人，有智慧的人就会感觉羞辱，君主之道则丧失了。

延伸论据：扁鹊——最让职业经理人受憋屈的事是决策权

关于这个，可以看扁鹊的故事。扁鹊曾经到秦国，给秦武王看病。当时，秦武王的太阳穴总是突突直跳，有时候眼皮跟得紧了，也随着跳。

于是请来扁鹊。扁鹊用天目眼一扫，看见秦武王的脑袋上附有病气，具体就是在眼睛和耳朵之间，即眼睛下面，耳朵前面，于是说好用针灸扎。

扁鹊从镶着宝玉的小竹筒里倒出石针，拿着针往秦武王的脑袋瞄准。秦武王闭眼，他旁边的体已人赶紧进言："大王，眼睛、耳朵是人的聪明所在，这么一扎，病没扎光，人却扎傻了！"

秦武王想了想，问扁鹊："扁大夫，您怎么说？我看，不扎针了，吃点药还不行吗？"

扁鹊大怒，把小竹筒一扔，咆哮道："你跟专家定的方案，却跟不懂的人讨论，说变就变。我看你这么治理国家，好不了！用不了一次就要亡国！"

扁鹊气呼呼地看完病走了。他这次生气，就是跟专业人员商定的方案，却听信身边小人的意见又改了。这是不信大臣，听信小人，必然亡国。也就是韩非子说的，"叫蠢的人来评论聪明的人，聪明的人受制于蠢的人，那么有智慧的人就感觉羞辱"。

卫嗣君对薄疑说："你是个能人啊，给我当官吧，当我的上卿。"薄疑说："我说一下我家里的事吧。我的母亲知道我很有能力，对于家里的事，也让我管着。但是我们家还有个老太婆，叫蔡妪。我的智力足以把家里的事管好，我妈也听我的，但是跟我说好之后，她不免又去征求蔡妪的意见。我的本事本来可以管好家，我妈跟我也很亲，但我还是不免于被蔡妪议论。如今我和您，没有母子那么亲，但是君主身边都有'蔡妪'。君主的'蔡妪'，都是些重臣，握有权力，并且能法外行私。他们行私，都是在法外，而我说的话，都是法令以内（符合法）。法律以内和法律以外，是对立的，不能相容，所以他们必然恨我，我也做不了您的臣子啊。"

跟大臣商量定的事，又跟左右的心腹人征求意见，往往导致被后者破坏，这就是国君总爱听蔡妪之类心腹的话。

4 人才单靠能力可以升职吗

［原文］

人臣之欲得官者，其修士且以精洁固身，其智士且以治辩进业。其修士不能以货赂事人，恃其精洁而更不能以枉法为治，则修智之士不事左右、不听请谒矣。人主之左右，……求索不得，货赂不至，则精辩之功息，而毁诬之言起矣。……则修智之吏废，则人主之明塞矣。

［作者智解］

臣子想升官，其中有道德的人靠的是自身廉洁，有智慧的人靠的是治事能力和辨析能力强。有道德的人不会靠着贿赂来讨好人，他们处理政务的时候凭着自己的正直而不肯枉法处理。那么，有道德的人、有智慧的人就不肯讨好君主的左右近臣，不肯接受小人们的请托。左右近臣请托不得，索贿不成，自然就要诬毁这些人。于是，有德有智的官吏被废掉，君主的明察通道被堵塞了。

延伸论据：皇甫嵩——人才是怎么下岗的

简单来说，有品行和能力的人不肯媚事权贵，于是被降职，这可以看东汉皇甫嵩的故事。

东汉末年，黄巾起义，皇甫嵩带兵，平定了黄巾军。

皇甫嵩功劳最大，被晋升为左车骑将军、冀州牧，封槐里侯，食槐里、美阳两县合计八千户食邑。有食邑，这等于是有分红权了。

看见皇甫嵩发达了，宦官张让就向他来索贿，具体是借五千万钱。皇甫嵩没给。没多久，到了年底，皇甫嵩又向西去讨伐叛乱的羌人，结果连战无功。张让趁机对汉灵帝说："皇甫嵩损耗国家财物，结果一无所获，应该治罪。"于是，皇甫嵩被降官职，八千户封邑被削去六千。因为得罪宦官张让，他的工资一下子掉下去了。这就是韩非子说的，"左右近臣索贿不得，自然就诬毁这些有智慧有道德的人"。所以，人才也得跟领导左右的近臣虚与委蛇，和光同尘，不可太狷介。

5 若君主失去权力

[原文]

万乘之患，大臣太重；千乘之患，左右太信：……且人臣有大罪，人主有大失，臣主之利相与异者也。何以明之哉？曰：主利在有能而任官，臣利在无能而得事；主利在有劳而爵禄，臣利在无功而富贵；主利在豪杰使能，臣利在朋党用私。是以国地削而私家富，主上卑而大臣重。故主失势而臣得国，主更称蕃臣。

故当世之重臣，主变势而得固宠者，十无二三。是其故何也？人臣之罪大也。臣有大罪者，其行欺主也，其罪当死亡也。智士者远见而畏于死亡，必不从重人矣。……是当涂者徒属，非愚而不知患者。……大臣挟愚污之人，上与之欺主，下与之收利侵渔，朋党比周，相与一口，惑主败法，以乱士民，使国家危削。……索国之不亡者，不可得也。

[作者智解]

大的国家，它的忧患是大臣太重（权臣），小的国家，是宠信左右的人（可以理解为大企业和小企业的特点）。而且，君主和人臣的利益是互相矛盾的。对君主有利的，是得到能人；对人臣有利的，是自己无能却得到富贵。群臣为君主效力，这是对君主有利的；朋党为他的私家服务，这是对臣子有利的。于是，国家地盘不断被削割而权臣贵人的私家却越来越富，主上地位卑落而大臣日重。所以主失势而臣得国，主子变成了藩臣。

现在各国，主子能握有大权的，十无一二。为什么呢？因为大臣的罪大。他们欺骗君主，其罪是该死的。有智之士有远见，知道权臣有罪，迟早会倒，怕被这样的权臣连累，于是不肯来追附权臣。所以，权臣的党羽，没有聪明的，他们也治理不好国家。权臣挟带着一帮愚蠢污烂的人，向上欺主，向下谋利，结成朋党，统一腔调迷惑主子，破坏法令，扰乱士民，使得国家危殆。这样的国家想不灭亡，那是不可能的。

延伸论据：三桓——怎么一步步瓜分鲁国

韩非子这里说的，就是春秋战国时期的一些普遍情况，特别是春秋时期，这可以说说鲁国的情况。

季氏家族有许多封邑。季家几代人，一直做鲁国的执政卿，比如季文子、季武子，权势很大。公元前 562 年，季武子和鲁国执政官叔孙豹商量之后，把鲁国公室的军队扩充为三军，季氏（季武子）、叔孙氏、孟孙氏各取其一，等于瓜分了国君的军队。这时候的鲁襄公十四岁，无可奈何。

原本鲁国是两军，在扩为三军后，三家各自掌领这三军之一，号称三桓。

这就是韩非子说的，“国家地盘不断削割而权臣贵人的私人家族越来越富，主上地位卑落而大臣日重，主失势而臣得国”。韩非子作为法家人物，强调法治、君主专制，教君主如何夺回权力和保持权力，这包括法、术的运用，包括对权力的分拆，对赏罚的独握，对臣子间的互相制衡。

第十章
说难：沟通技巧

1 一切开始于揣摩心思

[原文]

凡说之难：在知所说之心，可以吾说当之。所说出于为名高者也，而说之以厚利，则见下节而遇卑贱，必弃远矣。所说出于厚利者也，而说之以名高，则见无心而远事情，必不收矣。所说阴为厚利而显为名高者也，而说之以名高，则阳收其身而实疏之；说之以厚利，则阴用其言显弃其身矣。此不可不察也。

[作者智解]

劝说君主的难点，在于知道君主想要的是什么，然后用我的话来作为对策。如果君主想要高名，我却对他说怎样可以拿到厚利，他会觉得我庸俗，疏远我了。如果他追求的是厚利，我却对他说高名，他会觉得我迂腐，也不搭理我了。如果他实际是为了厚利而表面要高名，我用高名劝他，他也会表面答应认同，而实际疏远我；我说厚利，他背地里用了我的话但表面上又抛弃我。这些都不可不知。

延伸论据：彭喜——把握上位者的欲望

以上说的是，主题和领导关注的东西错位，那么你说的也根本抓不到他的注意力，搔不到他的痒处。魏惠王在臼里召集诸侯会盟，要大家共同尊周天子为共主。彭喜对郑国君说："你不要听他的。大国都不希望有天子（怕天子管他们），小国则觉得有天子有利。如果您和大国都不听，他焉能跟小国而立天子。"

大国都是互相兼并，谋利益，自然不希望上面有个天子压着。彭喜能分析出不同国家的欲望，这是他的游说能成功的地方。所以，沟通和游说，一定要明白相关各方的欲望，否则就是隔靴搔痒，说不到点上。技巧在于，说之前多次试探。试探的目的是把握对方的本性想怎么做，想得到什么，想听什么样的东西。掌握了这些，再去说。而错误的做法是把自己想说的，自己认为是真理的，一股脑儿砸给对方。

2 上位者要避免被人揣摩

［原文］

夫事以密成，语以泄败。未必其身泄之也，而语及所匿之事，如此者身危。彼显有所出事，而乃以成他故，说者不徒知所出而已矣，又知其所以为，如此者身危。规异事而当，知者揣之外而得之，事泄于外，必以为己也，如此者身危。

［作者智解］

事情要保密。如果言语泄露了，就一定会失败。即便你没有泄露具体什么内容，但谈到了他所隐藏的事，这样你的性命也有危险。君主表面上是为了什么事，实际是为了另一件事，陈说的人知道这表面的事，也知道另一件事，这样就性命危险了（因为知道了君主的隐秘想法）。跟君主密谋，别人从外面揣摩到了，把这说出去了，君主认为是你泄露的，这样你就危险了——君主要处罚你了。

延伸论据：东郭牙察言观色

本节的第一句，“言语不可泄露”，可以看齐桓公的故事。

霸主齐桓公和相国管仲商量进攻莒国，没等兴兵，事情就泄露到国内了。齐桓公很奇怪，问管仲：“这会是谁泄露的呢？”管仲说：“应该是您身边的人。”齐桓公说：“当天倒是有些人在伺候。”于是把当天在场的服务人员都叫来了。来了之后，其中有个叫东郭牙的，管仲看他气宇不凡，心说：“一定是这个人。”便把东郭牙叫上来，问道：“是你把讨伐莒国的事给泄露出去的吗？”东郭牙说：“是啊。”管仲说：“我们并没有说要进攻莒国，你为什么说要打莒国呢？”

东郭牙说：“你们善于谋划，但我也善于猜，我是猜出来的。”

管仲说：“我们没有说，你怎么猜到的？”

东郭牙说：“我听说，君子会有三种表情。特别高兴，这是听音乐时的表情；很肃穆，这是给人发丧时的表情；非常高昂，手脚都来回挥舞的，这是打仗时的神色。我看你们那天在堂上，情绪高昂，手脚挥舞，这是要打仗的神色啊。您嘴张开，没有闭上，我估计您说的是‘莒’。你胳膊指的方向，我猜也是莒国。所以，我就猜出来了。”

所以，商量事情要机密。在细心的人看来，你的举动和意向虽然隐藏了，也可以从中猜测到几分。对于言语，是要格外慎重的。

3 信任基础

[原文]

周泽未渥也，而语极知，说行而有功，则德忘；说不行而有败，则见疑，如此者身危。

[作者智解]

君主跟你的关系还不近，不算亲密知心人，你给他出主意，如果最后成功了，君主也会忘了你的功德，如果失败了，则更要疑惑你的能力，如此者身危。

延伸论据：智子疑邻——关系的远近

我们知道，关系如果疏远的话，跟上级不熟，那么进行劝说，上级会觉得你动机未必可靠，因此就厌恶你。有这样一个故事：

郑国有一个儿子，对家长说："咱家坏了的墙得修一下啊，否则来贼。"邻居也是这么说的。结果这家人没有修，就被偷了。这家人觉得儿子很聪明，而说出了同样意见的邻居是贼。

这个故事要说明的是，关系疏远而提很近的意见，反倒令人怀疑，即便对方接受了，也不感谢你的恩德。之所以这里相信自己的儿子，而怀疑邻居，是因为他对儿子本来就亲近，有信任基础，而对邻居没有信任基础，虽然他们说的内容是一样的。

4 不可评议式地指正上位者

［原文］

贵人有过端，而说者明言礼义以挑其恶，如此者身危。贵人或得计而欲自以为功，说者与知焉，如此者身危。

［作者智解］

领导有什么过错，你明着来劝说他，还用礼义来非议他，这样就身遭危险了。

领导计谋得当，并且想独占当作自己的功劳，你说你也想出了这计谋，这样就身遭危险了。

延伸论据：荀攸——“愚不可及”才被喜欢

三国时代，曹操和袁绍在官渡地区交战。一次，曹操带着队伍在野外走，忽见旷野中冒出五六百匹敌骑。原来是袁绍的骑兵杀来，而且越来越多。

曹操下令，叫军士下马，解鞍，放马，让马都出去吃草。

诸将恐惧，说：“敌人来势凶猛，我们不如赶紧骑上马，退回大营里边去吧。”

曹操不听。

谋士荀攸对诸将说：“你们不要犯傻啊。曹公正是拿这些马和辎重，作为诱敌之饵料啊。”

曹操听了，拿眼睛目视荀攸，示意他不要再说了。荀攸赶紧闭嘴。

这时候，袁绍的骑兵先后都到了。他们看见曹军散跑的马，就去抢这些马，这导致袁绍的军列混乱。曹操这才叫诸将上马杀向敌人，一仗打败袁军。

在这个故事里，曹操想出了计策，但是荀攸看破了，还说了出来，这令曹操不快。古代有个词，叫作愚不可及，其实它原本是褒义词，是指人要表现出愚蠢的样子，不如别人的样子，这反倒可以保住自己的身家性命。太聪明了，像韩非子这里说的，你跟领导想出一样的计策，还说是自己的功劳，这样的人必然会有危险。

5 有些情况不能劝说

[原文]

强以其所不能为，止以其所不能已，如此者身危。

[作者智解]

强行叫领导做他所不能做的，或者让他停下他所不肯停的，这么做就会身遭危险了。

延伸论据：关龙逢和张谴——明褒暗贬地劝人才高妙

有的人是改不了的，你硬去劝，自找苦吃。

夏朝的大臣关龙逄看到天子夏桀无道，实在忍不住了，手捧黄图，上面绘制着祖先们的丰功伟绩，包括大禹治水的图像，跑来给夏桀看。

关龙逄说：“希望您看了以后，能像大禹一样节俭，爱惜民力，效法先王，善待民众，停止胡作非为，久享国运。若是继续挥霍无度，任意杀人，亡国的日子就不远了。”

夏桀听不进去，说：“我是太阳，我居天下之上，永远存在，谁敢反我？”

“您知道吗？人们一听见您是太阳这话就头疼，说您这个太阳什么时候灭亡啊，我们都盼着呐，宁可我们也不活了。”

夏桀大怒，下令将黄图焚毁，对关龙逢说：“你最好少干预我的事，否则你会死得很难看。”关龙逢还是喋喋不休，站在朝堂上，轰也不走。夏桀只好请他住进监狱，斩首了事。然后警告朝臣们说：“今后再有像关龙逢这样的人来进言，一律杀头。”

关龙逢的强谏，国君不可能接受，就像把珍珠扔到地上一样，完全浪费了自己的口舌，甚至还为此丢了性命。

那么，应该怎么办呢？难道不说吗？办法是顺着说。我们看一个案例：

张谴是韩国的相国，临死的时候，公乘无正拿着三十斤金子来探病，请求推荐自己当官。过了一天，韩国君问张谴：“你死之后，谁接班当相国合适啊？”张谴说：“公乘无正这个人，正直、敬畏上级，但是他不如公子食我更得民心。”张谴死后，韩国君就叫公乘无正当了相国。

这里，张谴的游说方式采取了明褒暗贬。张谴夸公子食我很得民心，但是怎么能任用得民心的人呢？那岂不抢了国君的势头，张谴是故意那么说的。

这个故事中体现了顺着说。公子食我毕竟是公子，是贵族，你对国君说他坏话，国君肯定反感你，这里明说好话，但实质是对公子食我不利的，让国君自己去分析，自己得出结论。这样，也没有强加给君主意思，这是很高明的方法。

6 帮了君主要假装没帮到

[原文]

故与之论大人，则以为间己矣；与之论细人，则以为卖重。论其所爱，则以为借资；论其所憎，则以为尝己也。径省其说，则以为不智而拙之；米盐博辩，则以为多而久之。略事陈意，则曰怯懦而不尽；虑事广肆，则曰草野而倨侮。此说之难，不可不知也。

凡说之务，在知饰所说之所矜而灭其所耻。彼有私急也，必以公义示而强之。其意有下也，然而不能已，说者因为之饰其美而少其不为也。其心有高也，而实不能及，说者为之举其过而见其恶，而多其不行也。有欲矜以智能，则为之举异事之同类者，多为之地，使之资说于我，而佯不知也以资其智。

[作者智解]

故意跟领导谈论其他的大人物（比如其他副总裁），对方觉得你在离间他们的关系；故意跟领导谈论轻微的人（小员工），他会觉得你在为这人讨好处。

谈论领导喜爱的关系亲近的人，他认为你在讨好那个人给自己找靠山；谈论他所憎恨的人，对方觉得你在试探他。直截了当地说，对方觉得你不智、笨拙；说得细碎繁杂，对方觉得你话太多，太浪费时间；把事情简单一说，略陈其意，对方觉得你怯懦，话不敢说明，顾忌太多；把考虑的很多东西都毫无顾忌地说出来了，对方又觉得你粗野傲慢。这都是说得难的地方，不可不知。

说的要务，在于知道对方所自矜（得意）的东西，然后把它进行装饰美化，对对方暗自羞耻的地方进行掩盖。他有什么私心所图，你就一定要用公义来说，说应该这么干，建议他这么做。他心意中有什么下作的想法，但是忍不住，你就为之装饰这东西，说这个是好的。他心里面有什么好的想法，但是他实际做不了，你就挑这想法中有缺陷的地方，显出其中的不好，而赞同他不去干。（比如他想把钱分给自己的朋友，但又舍不得，你就说这样分等于是养成对方好吃懒做，不应该给。）

对方一贯想表现得自己很聪明，你就举一些不一样的类似的事情，让他从中受启发，使他从你这里获得点子，而假装不知道是你帮了他，以衬托他有智慧。

延伸论据：淳于髡——以无知无意的方式劝说

最后这句话，意思是不要把自己劝说的观点直接抛出来，而是作为第三信息，藏在话里，叫他自己捕捉到，然后假装自己没有要用这些信息劝他的意思。这也就是韩非子说的，“他从中受启发，使他从你这里获得点子，而假装不知道是你帮了他”。关于这个，可以举一个孟尝君的故事来说明。

孟尝君的封邑在薛，遭到了楚国人的进攻。淳于髡路过薛城。孟尝君待他特别好，对淳于髡说：“楚国人来打我，您得给我帮帮忙啊，不然，我们薛城没了，想再对您好，也没有了。”淳于髡说：“放心吧，我帮你。”于是他到齐国那里，汇报工作完毕，齐王问他：“你这次出使楚国，看到了什么？”淳于髡说：“就是楚国很稳固，而薛城也是不自量力。”齐王说：“什么意思？”淳于髡说：“薛城不自量力，给您的先王立了庙。楚国很牢固，它进攻薛城，那薛城内的宗庙，一定就危险了。所以说薛不自量力，而楚很牢固。”齐王的脸色变了，说：“哎呀，先王的宗庙是在薛啊。”赶紧举兵去救薛，薛得以保全。

淳于髡这里游说得很有技巧。他没有直接说，您的祖庙在薛，您一定得去救啊。这样的话，目的就太明显了，齐王可能觉得你这是别有用心地忽悠我，或者齐王出于逆反心理，就是不去。淳于髡乱说了一些别的东西，逻辑也不怎么通，但这不要紧，甚至齐王听明白了没有都没关系。在语句中，他提到薛城有齐国宗庙，并且说这是不自量力，让齐王自己捕捉到这一信息，并且做决定。这样，给齐王感觉就不是被劝说的，而是齐王自己发现了问题，主动去做。

这比直接劝告齐王要好，因为它避免了好为人师。这就是韩非子说的，“他从中受启发，使他从你这里获得点子，而假装不知道是你帮了他”。这里的要点是，要多说些信息，那个关键信息只是夹杂其中，因而显得更是无意的。

7 先跟君主搞好关系，才能劝说

［原文］

欲内相存之言，则必以美名明之，而微见其合于私利也。欲陈危害之事，则显其毁诽而微见其合于私患也。誉异人与同行者，规异事与同计者。有与同污者，则必以大饰其无伤也；有与同败者，则必以明饰其无失也。彼自多其力，则毋以其难概之也；自勇其断，则无以其谪怒之；自智其计，则毋以其败穷之。大意无所拂悟，辞言无所击摩，然后极骋智辩焉。

伊尹为宰，百里奚为虏，皆所以干其上也。此二人者，皆圣人也；然犹不能无役身以进，如此其污也！今以吾言为宰虏，而可以听用而振世，此非能仕之所耻也。夫旷日离久，而周泽既渥，深计而不疑，引争而不罪，则明割利害以致其功，直指是非以饰其身，以此相持，此说之成也。

[作者智解]

如果想劝他做对别人好的事，就一定要说这符合正义，同时轻微地暗示这对他的私利也好。想阻止他做危害别人的事情，不要去批评，而是说别人曾经怎么批评这个，把它转述给他听，从而表达这多么不符合公意、不符合舆论。基于人言可畏，对方有可能就接受了，同时你再轻微地暗示这对他的私利也不好。

（这里谈的要点，实际上就是用舆论来劝说他。这比用你自己的名义劝说更有效力，而且不会引火上身。比如，想让对方少向民众收税，就说这是仁政，被百姓赞美，这样，对方就不得不考虑了，同时再暗示少收税，对国君的长远利益也有好处。）

先顺说，然后再劝说。谈话的时候，要称赞跟领导有同样行为的另一个人（比如另一个领导考了 MBA 班，你们领导也上了总裁班，你就称赞那人上过 MBA 班）。具体来讲，就是要说不同的事，但是跟你们领导的事有同样优点的。跟你们领导有同样污点的，你就要大大地美化它，说它没什么不好的（比如你们领导是个光头，你就赞美另外一个光头，说这才叫有派头）。有人跟你们领导有同样的失败，你就明着装饰它，说这不算失败。

领导自认为有魄力，你就不要用很难办的事情来挫折他。他自认为勇于决断，你就不要拿出他因为武断而失败的事情来气他。他一贯自认为很有计谋，你就不要说他失败的例子来困窘他。大意上没有什么拂逆他的，言辞也没有跟他别扭，然后就可以开口发表自己的意见和劝说了。这是获得亲近不疑从而可以尽言相劝的道啊。（言下之意，前面这些谄媚，不是谄媚，只是为了讨得领导喜欢和信任，最终为自己发言提出正确意见做铺垫的。）

从前，伊尹故意去当厨师，伺候商汤；百里奚去当奴隶，伺候秦穆公，获得主子信任后才进谏和辅佐。这两个人，都是圣人，但难免都自污其身去做杂役，以求得进身和进言，那么，我们在语言上去做卑微的杂役，最终能被听用而有助于人世，这怎么能算是士的羞耻呢？（意思是，前面那些谄媚的话，是为了最后提出意见，是可以的。）等旷日持久，君主对你的恩德很深，为他提计谋他也不会疑，跟他争他也不会怪罪，再明着跟他谈利害来成为大功，直接指出他的是非来提升他，这样做才是成功的说。

延伸论据：惠盎——学会顺着说

以上谈的，其实都是顺着领导说。但韩非子说，顺着领导说，是为了消除戒备，最后方便自己劝谏。

先跟领导搞好关系，然后才能进谏。领导也是人，被说也得有面子，知道对方是尊重我、爱我。所以在劝说的时候，先多顺着说，得到他的喜欢，久了之后，才能出言不忌。劝说君主的前提，是先和他搞好关系。

此外，还有一种技巧，是顺着说，我们举惠盎的例子。

惠盎去见宋康王。宋康王使劲嚷嚷："寡人喜欢的是勇力，不喜欢仁义。你想对我说什么？"惠盎说："我有一种法术，使人虽然勇，但是刺不着我，虽然有力，但是打不着我。您有兴趣听吗？"宋康王高兴了："你快说说。"

惠盎说："刺但是扎不进，打但是打不着，这还是被人袭击和羞辱了。我有一种法术，叫人就是有勇，也不敢刺，就是有力，但是不敢打。大王想听听吗？"宋康王："好啊，那你说。"惠盎说："不敢刺，不敢打，还只是被迫的。我有一种法术，使天下的丈夫、女子都欢然想爱你、保护你，这比不怕打、刺，岂不更好？大王想听听吗？"

宋康王说："我愿意听，你说吧。"惠盎说："那就是孔、墨啦。孔丘、墨翟都不是什么国君，也不是大官，但是天下的丈夫、女子无不伸着脖子，想保护他们、照顾他们。大王，您是万乘之主，假如有志向学习他俩，则四境之内的人都会帮助您，那得到的好处，比孔、墨得到的多多了。"宋康王答不出来了。等惠盎走后，宋康王对左右：“这人真能辩论，他算是说服寡人了。”

宋康王是个俗人，但是都被说服了。这是因为顺着说，借助着对方的想法来说。用这种顺说的办法，小的就能胜过大的。

也就是说，按照对方的观念、出发点去说，这样一是对方感兴趣听，二是也不排斥，但说到最后，还是绕回到了自己的观点上。

8 上位者的隐私最怕人说

[原文]

昔者郑武公欲伐胡，故先以其女妻胡君以娱其意。因问于群臣：“吾欲用兵，谁可伐者？”大夫关其思对曰：“胡可伐。”武公怒而戮之，曰：“胡，兄弟之国也。子言伐之，何也？”胡君闻之，以郑为亲己，遂不备郑。郑人袭胡，取之。宋有富人，天雨墙坏。其子曰：“不筑，必将有盗。”其邻人之父亦云。暮而果大亡其财。其家甚智其子，而疑邻人之父。此二人说者皆当矣，厚者为戮，薄者见疑，则非知之难也，处知则难也。

昔者弥子瑕有宠于卫君。卫国之法：窃驾君车者罪刖。弥子瑕母病，人间往夜告弥子，弥子矫驾君车以出。君闻而贤之，曰：“孝哉！为母之故，忘其刖罪。”异日，与君游于果园，食桃而甘，不尽，以其半啖君。君曰：“爱我哉！忘其口味以啖寡人。”及弥子色衰爱弛，得罪于君，君曰：“是固尝矫驾吾车，又尝啖我以余桃。”故弥子之行未变于初也，而以前之所以见贤而后获罪者，爱憎之变也。故有爱于主，则智当而加亲；有憎于主，则智不当见罪而加疏。故谏说谈论之士，不可不察爱憎之主而后说焉。

夫龙之为虫也，柔可狎而骑也；然其喉下有逆鳞径尺，若人有婴之者，则必杀人。人主亦有逆鳞，说者能无婴人主之逆鳞，则几矣。

[作者智解]

从前，郑武公要进攻胡国，就先把闺女嫁给了胡国君，然后问群臣："我要出去打仗，可以打谁？"大夫关其思说："可以打胡国。"郑武公气得要命，就把关其思杀了，说："胡国是我的兄弟，你说去打他，这是什么话！"胡国君听说了，以为郑国亲自己，就不加防备。于是郑国人偷袭，灭掉了胡国。

（关其思说的是对的，要讨伐胡国是正确意见，但是不知道郑武公的心思，上去乱说，虽然正确，也被宰了。）

宋国有个富人，下雨把他家的墙浇坏了，他儿子说："不补上，一定会有强盗来。"他的邻居老头也这么说。结果，当晚果真来了强盗。这家长就觉得自己的儿子非常聪明，而怀疑邻居家的老头跟强盗是一伙的。

这两个人的劝说，都是对的，结果一个被杀了，一个被怀疑，这就不是明白事情该怎么处理，怎么说。

（邻居家老头虽然说得也对，但因为关系疏远，会被怀疑——怀疑他是强盗的一员。总的意思是，获得好感和信任之后，才能进说。）

弥子瑕被卫国君宠爱。卫国法律规定：偷着驾驶国君的车，要砍腿。弥子瑕的老妈病了，夜里他才知道这个消息。弥子瑕就假传国君命令，坐着国君的车跑回家去看老妈了。国君听说了，称赞道："真孝顺啊。为了老妈，连被砍腿都顾不上了。"有一天，他们一块游玩，吃一个桃，很好吃，弥子瑕就把吃剩的一半，给了卫灵公。卫灵公说："这是爱我啊，把好吃的东西都给我吃。"等弥子瑕色衰爱弛，有一件事得罪了国君，国君就把后账翻出来了："从前曾经偷我的车坐，又把吃剩的桃给我吃！"

弥子瑕前后的行为没有变，但前面被称赞，后面就被怪罪，是因为爱憎的情况已经变了。被君主爱的时候，他的聪明就被肯定和亲近；被君主憎的时候，其智就被加罪了。所以谏说谈论之士，要先看看君主是爱你还是憎你，然后再说。

龙在还是虫的时候，柔弱可以亲狎，甚至可以骑它，但是长成后，它的脖子下有一尺宽的逆鳞，如果有人戳它，它就会杀人。君主也有逆鳞，进说的人能不戳到他的逆鳞，就差不多了。

延伸论据：隰斯弥——不能让君主知道你知道他的隐秘

什么是君主的逆鳞呢？韩非子没有说。人都有羞耻心，人心中有些隐秘的、见不得人的坏想法，是难免的。君主也难免有。如果你在言语中表明你知道他的这个，你就会被忌惮和伤害。不论对大人物，还是对普通人来说，心中的隐私被人知晓了，都会因羞耻心转而恼恨你，从而给你带来灾祸。我们讲一个田常的故事。

隰斯弥去见田常（是齐国的权臣），俩人一起登台四望。三面都很空旷，往南看，就看见隰斯弥的家了。他家宅院的大树满满的，都遮住了视野。田常也不说话。隰斯弥回去后，就派人想砍了这些树。过了一会儿，又不让砍了。管家问："为什么又不砍了？"隰斯弥说："古人有谚：'知渊中之鱼者不祥。'田常将要干一件大事（杀国君，篡位），而我表现出我知道他的微（心里想的微小的想法），那我就危险了。不砍树，算不上有罪，能知道别人所没说出来的想法，那罪就大了。"于是不砍。

按照礼，臣子家里的树塞着门，是不合礼仪等级的。隰先生能揣摩出田常对他家的树太盛不高兴，也能揣摩出田常想篡位，隰斯弥岂不危险了。你能揣摩出领导心里的事，去迎合着办，但你太聪明了，领导怀疑你也能揣摩出他心中的私念，岂不令领导害怕。所以聪明的人又要学会"傻化"。

第十一章
和氏：什么时候选择给君主当枪使

［原文］

昔者吴起教楚悼王以楚国之俗曰："大臣太重，封君太众。若此，则上逼主而下虐民，此贫国弱兵之道也。不如使封君之子孙三世而收爵禄，绝减百吏之禄秩，损不急之枝官，以奉选练之士。"悼王行之期年而薨矣，吴起枝解于楚。商君教秦孝公以连什伍，设告坐之过，燔诗书而明法令，塞私门之请而遂公家之劳，禁游宦之民而显耕战之士。孝公行之，主以尊安，国以富强，八年而薨，商君车裂于秦。然而枝解吴起而车裂商君者，何也？大臣苦法而细民恶治也。当今之世，……法术之士，安能蒙二子之危也而明己之法术哉？

［作者智解］

从前，吴起在楚国搞法家，分析楚国的积习，教楚悼王说："楚国的问题在于大臣权力太大，封君太多，这样，他们上逼主而下虐民，这是国家贫弱的原因啊。应该对封君的子孙，到了第三代就收回爵禄，去掉那些不急的官位，省出钱来选练士兵。"楚悼王照着办了，但是两年后楚悼王就死去了，于是吴起被楚国的贵族们车裂了。

（吴起的改革，实际上就是对贵族下手，瓦解他们的经济地位和权力世袭。不过，因为贵族势力大，当支持他改革的楚悼王死去后，贵族们反扑，杀死了吴起。吴起现象，就是为领导兢兢业业地卖力气，但是不得善终。）

商鞅教秦孝公搞什伍之法，设连坐的刑罚，烧诗书而明法令，不许私门请托，而督促为公工作，禁止浮游找官做的人而尊重耕战的人。秦孝公搞了起来，于是国家富强，君主权威也提高，但是八年后秦孝公死了，商鞅也被车裂。他俩为什么被车裂呢？是因为大臣被这些法束缚了，很受罪，小民也不喜欢被人管。现在，法术之士要想推广自己的法和术，遇到的也是这样的困难。

（假如人事部要加强制度管理，那么员工一定会嚷嚷反对，最后把人事经理赶跑。韩非子的意思是，君主给法家分子撑腰，类似于总经理替人力资源经理撑腰。

如果有领导的支持，就不会有商鞅这样的悲剧。实际上，商鞅、吴起的悲剧，都是发生在领导去世了之后。领导去世了，他们还不知道躲避，这就有点不知与时进退了。）

第十二章
奸劫弑臣：极限博弈

1 组织中怎么出现第二权力中心的

[原文]

凡奸臣皆欲顺人主之心以取亲幸之势者也。是以主有所善，臣从而誉之；主有所憎，臣因而毁之。凡人之大体，取舍同者则相是也，取舍异者则相非也。……夫取舍合而相与逆者，未尝闻也。此人臣之所以取信幸之道也。夫奸臣得乘信幸之势以毁誉进退群臣者，人主非有术数以御之也，非参验以审之也，必将以曩之合己信今之言，此幸臣之所以得欺主成私者也。

国有擅主之臣，则群下不得尽其智力以陈其忠，百官之吏不得奉法以致其功矣。何以明之？夫安利者就之，危害者去之，此人之情也。今为臣尽力以致功，竭智以陈忠者，其身困而家贫，……行财货以事贵重之臣者，身尊家富，……人焉能去安利之道而就危害之处哉？……故以私为重人者众，而以法事君者少矣。是以主孤于上而臣成党于下，此田成之所以弑简公者也。

[作者智解]

凡奸臣想取得君主的宠信，办法就是顺着主子的心，从而求得好感。君主喜欢什么，他就跟着赞美什么；君主憎恶什么，他就也抨击什么，总之，一直顺着君主说话。人的本性，都是喜欢跟自己观念一样的人，所以奸臣被君主喜欢。等他被君主喜欢，取得信任了，他就开始毁誉群臣，凭自己的好恶进退群臣。君主又没有什么办法检验他说的是对还是错，于是就被欺骗。奸臣就成了擅权的臣子。

国家有了擅权的臣子，臣子们就不能竭忠尽智了，百官也不努力干活了。为什么呢？因为好好干活的人没有得到回报，而巴结侍奉权臣却能高升，大家就都不费劲努力了。臣子觉得忠贞诚信却不能得到回报，只能身困家贫，而贿赂和投奔权臣，则可以身尊家富，人怎么不去投奔权臣呢？侍奉权臣的人多了，侍奉君主的人就少了，君主日益孤立，权臣更加结党。当初田常杀齐简公，也是这么来的。

（权臣分掉了组织的财富，也扰乱了用人政策。立功不能升官，巴结权臣却能升官，那么公司里的人就不是忙着做事，而是忙着搞关系了。）

2 告密是一种需要慎用的术

［原文］

人主者，非目若离娄乃为明也，非耳若师旷乃为聪也。……明主者，使天下不得不为己视，天下不得不为己听。故身在深宫之中而明照四海之内，而天下弗能蔽弗能欺者。……商君说秦孝公以变法易俗而明公道，赏告奸，困末作而利本事。……于是犯之者其诛重而必，告之者其赏厚而信，故奸莫不得而被刑者众，民疾怨而众过日闻。孝公不听，遂行商君之法。民后知有罪之必诛，而告私奸者众也，故民莫犯。……是以国治而兵强，地广而主尊。此亦使天下必为己视听之道也。至治之法术已明矣，而世学者弗知也。

[作者智解]

君主，靠自己一个人的耳朵和眼睛，是不可能察遍天下的实情的。所以明主要使天下人都不得不都替他看、替他听，他待在深宫之中，天下人却都蒙骗不了他。商鞅当时在秦国变法，就搞了一个对告奸的赏赐，谁揭发别人违法乱纪，就赏赐谁。犯事的人一定会被惩罚，而揭发者可以得到厚赏，这样，各种罪恶一定会被揪出来。民众知道有罪一定会被诛罚，而告奸的人很多，于是都不敢违反商鞅定的法了。国家大治而兵强。这就是使天下人都当自己的眼睛和耳朵的好处。这是个很好的办法，但是世上的学者都不知道。

（本段内容是讲术，告密就是术的一种。）

3 超越底线的博弈——谗言

[原文]

楚庄王之弟春申君有爱妾曰余，春申君之正妻子曰甲。余欲君之弃其妻也，因自伤其身以视君而泣。……君因信妾余之诈，为弃正妻。余又欲杀甲而以其子为后。……从是观之，父子爱子也，犹可以毁而害也。君臣之相与也，非有父子之亲也，而群臣之毁言，非特一妾之口也，何怪夫贤圣之戮死哉！此商君之所以车裂于秦，而吴起之所以枝解于楚者也。凡人臣者，有罪固不欲诛，无功者皆欲尊显。而圣人之治国也，赏不加于无功，而诛必行于有罪者也。然则有术数者之为人也，固左右奸臣之所害，非明主弗能听也。

[作者智解]

春申君是楚庄王的弟弟，他有一个爱妾叫余，还有个夫人。余想把夫人给搞下去，就自残了身体，对春申君哭诉，说夫人打了我。春申君信了，把夫人给休了。夫人生的儿子叫甲。余想把甲也除掉，就自己把内衣撕坏了，跑去对春申君哭着说："夫人的儿子甲调戏我，我不肯，他就硬来，把我的衣服都撕坏了。"春申君生气了，就把甲杀了。

（讲这个故事是想说明，君主如果听信谗言，就会害了好人。）

父子之间，被别人谗言，都会出这样的事。君臣之间，本无父子之亲，遇到谗言，岂不更厉害？难怪圣贤却遭到处死啊。商鞅、吴起就是这样被害死的。人臣都希望没有功劳但是得到显贵，有了罪却不被处罚。而法术之士是对无功的人绝对不赏，对有罪的一定要罚，这固然被奸臣们所厌恶，他们谗害法术之士，是必然的啊。不是明主，不能明察啊。

（法术之士，指法家分子。这里还是劝说国君要信用法家分子。在法术士和权臣的博弈中，对方无所不用其极，连谗言都会用。）

第十三章
三守：上下级之间的三种攻守

1 上位者的三样宝

[原文]

人主有三守。三守完，则国安身荣；三守不完，则国危身殆。何谓三守？人臣有议当途之失、用事之过、举臣之情，人主不心藏而漏之近习能人，使人臣之欲有言者不敢不下适近习能人之心，而乃上以闻人主。然则端言直道之人不得见，而忠直日疏。爱人，不独利也，待誉而后利之；憎人，不独害也，待非而后害之。然则人主无威而重在左右矣。

[作者智解]

君主有三守（三个法宝），对自身的权力稳固很重要。三守是什么呢？人臣针对别的大臣的得失、国家政策进行提议，国君把这个泄露给了左右近臣，使得人臣不敢再提，或者不得不顺着左右近臣的心思来说。这样，正直的敢提意见的人就越来越少了。

爱一个人，但不能自己决定去奖励或提拔他，而是等着跟左右的人讨论了，听了左右人的赞誉，才提拔那人。要处理一个人也是，不敢自行决定，左右的人非议了那个人，才去处理。这样，君主就没有了威，权都跑到左右的人那儿去了。

（这里说的就是君主没有主心骨，没有决断力，势必失去权力。前面举过的扁鹊的例子，也说明了这一点。扁鹊跟秦武王制定的方案，秦武王却听左右的意见否定了它。）

2 下级挟持上级的三计

[原文]

恶自治之劳惮，使群臣辐凑之变，因传柄移藉，使杀生之机、夺予之要在大臣，如是者侵。此谓三守不完。三守不完，则劫杀之征也。

凡劫有三：有明劫，有事劫，有刑劫。人臣有大臣之尊，……使外内之事非己不得行。虽有贤良，逆者必有祸，而顺者必有福。然则群臣直莫敢忠主忧国以争社稷之利害。……群臣持禄养交，行私道而不效公忠，此谓明劫。

[作者智解]

嫌自己亲自治事太累，就叫臣子们去做，权力就转移到国君委托的大臣手里，这样就被侵削了权威。这就是三守不完整，就要被劫侵。

（秦始皇什么事都是自己来，大臣们只是接受指令和执行办理，大约是因为看了韩非子的这篇。）

劫持国君有三种：明劫、事劫、刑劫。

大臣特别尊贵，国家要事都是他说了算，群臣有事都得先请示这个大臣，不请示他，事情就办不成。即便有贤良的人，违逆了他就要倒霉，顺着他才能有福。这样的话，群臣就不敢直接效忠于君主。大家都拿着工资互相交结庇护，谋求自己的私利而不效忠公义。这是明劫。

延伸论据：孟尝君——强势的下级

权臣会迫使大家都效忠于他，我们可以看一下孟尝君的相关例子。

孟尝君到魏国做了相国，非常专权。魏国有一对孪生子（双胞胎），跟国君魏昭王一个心眼，而不买孟尝君的账。孟尝君很忧患，于是演出了一场杀鸡儆猴的戏。他请这哥俩来赌钱玩，百两黄金作注，显示自己的富有。

正赌着呢，孟尝君的传达室干部进来报告："报告，张老四的儿子在门口求见。"

孟尝君故意勃然大怒："张老四一直跟我作对，你出去给我杀了他儿子。"说完，抽出兵器交给传达室干部。

旁边一个门客赶紧假装拦着说："不然。我听说张老四心底里是特忠于您的，有什么什么事例为证。"

孟尝君一听："好！既然如此，那我也亏待不了他。来人，去国家仓库拿出一千石小米，五百斤黄金，良马、固车两辆，都给张老四送去。还有，再找二十个宫中美女，一起给他。"

忠于魏昭王的那哥俩闻言直冒冷汗："我们还是不要跟孟尝君作对了，效忠他必有富贵，违逆他脑袋搬家，我们还是改跟着他当小弟吧。"

于是这俩都背叛魏昭王，改效忠孟尝君了。孟尝君是个臣子，用这种办法，这俩人就听话了。人都是趋利避害的，像孟尝君这样的人，能给他饭吃，也能叫他死，他自然听话了。孟尝君作为权臣，驾驭这俩人的技术，既有威严，又有好处，于是别人自然就服了。

3 下级“挟洋自重”

[原文]

鬻宠擅权，矫外以胜内。

[作者智解]

蒙蔽国君获得宠爱，虚构外国的压力来使自己在国内获得信用。

延伸论据：安禄山——下级怎么邀功

这可以看安禄山的例子。唐玄宗的时候，安禄山做范阳节度使，负责在河北地区防御契丹。实际上，那里比较安定，并没有多少冲突，但是，安禄山为了讨好皇帝，故意挑衅胡人，跟胡人打仗，取得某些战功，然后报告给皇帝，以满足皇帝好大喜功的虚荣。就这样，他取得了皇帝的信任和喜欢，最终，他以河北为起点，发动了安史之乱。这就是韩非子说的，虚构外国的压力来使自己在国内获得信用。

4 事劫：用项目套牢上位者

[原文]

险言祸福得失之形，以阿主之好恶。人主听之，卑身轻国以资之，事败与主分其祸，而功成则臣独专之。诸用事之人，一心同辞以语其美，则主言恶者必不信矣，此谓事劫。

[作者智解]

蒙蔽君主的人，会危言耸听地说一些祸福得失的建议，来迎合君主的好恶。君主信了他的，把整个国家都交给他，给他资助。事情做失败了，国君和他分担损失，而成功了，好处都归了他。权臣下面的人，也都异口同声说他的意见对，使得君主不信别人。这叫做事劫。

延伸论据：田婴——给君主制造忙不过来的任务

本段的意思是，权臣假装提些合理化建议，故意把事情说得很严重，实际上是趁机夺得国家的权力。这就是以事情来“劫持”君主。所以，国君对于臣子提出的建议，一定要详细分析。可以看田婴的例子。

田婴本来是齐国的普通官员，但他是齐威王的弟弟。

当时齐国有五个大官，司徒、司空、司马、司士、司寇，他们都直接汇报给齐威王。田婴就忽悠齐威王说：“您每天都应该把他们五个逐一叫进来，听取他们汇报工作，经常阅读他们的公文报表，不然您被他们蒙蔽了怎么办？”（这就是危言耸听。）

齐威王说：“你提醒得很有必要，但我每天听他们五个人汇报，肯定又烦又累，以后你来替我听吧。”

从此，田婴当了这五个人的领导，成为百官之长，大家都怕他甚于怕齐威王了。于是，田婴成了权臣。这就是韩非子这里说的，“蒙蔽君主的人，会乱说一些得失建议，迎合君主的过失。君主信了他的，把整个国家都交给他”。所以，当臣子提出一项建议，他的建议是不是真的好，动机是什么，君主都要审查。

5 奖惩之权可以交给下属吗

［原文］

至于守司囹圄，禁制刑罚，人臣擅之，此谓刑劫。三守不完，则三劫者起；三守完，则三劫者止。三劫止塞，则王矣。

［作者智解］

至于掌管刑罚和监狱，立法和判决的事情，如果由人臣擅自掌控，这就是刑劫，也就是臣子劫持了刑罚的权力。君主的三守技能不强，三劫就会冒出来。君主必须去掉三劫，才能称王天下。

延伸论据：张释之——赏罚权来自领导还是制度

进行惩罚的权力，要在君主手上，不给臣子。古代大将出征，被皇帝授予斧钺，就表示他有自作主张处死部将的权力。如果没有斧钺，那意味着大将军下面的诸将犯法，大将没有自行处罚的权力，需要送回来交给皇帝处理。下面讲一下汉朝的廷尉张释之对刑罚权的争议。

一次，汉文帝出去游行，走到渭水桥上，突然一个人从桥下出来了，把文帝法驾的马吓着了。马拉着车，差点儿把文帝扔到河里去。文帝吓得够呛。郎官们骑着马，把那人捉住了。文帝说："这是个大案子，不会是哪个诸侯的刺客吧，送交廷尉审。"

这人交代："我是外县来的，听到敲鼓清道，就赶紧躲，没地方躲，躲到桥下了。等了好久，觉得陛下的车队应该过去了，就出来了，结果正撞上陛下的车。"

廷尉张释之是司法部门的长官，他审判之后，觉得属实，就上报给文帝，说这是“犯跸”，应该处罚金，罚他多少钱。

文帝看了奏报，特别生气，说：“这个人惊了我的马。好在我的马脾气柔和，换了别的马，还不把我弄伤了！可是你才判他个罚金！啊？”

张释之说：“法律就是这么写的。如果给改重了，对老百姓就没信用了。如果当时陛下下令立刻诛杀了他，那也就那样了。既然交给廷尉，廷尉是天下所有法院的准点，廷尉判的一倾斜，天下的法院都跟着轻重，老百姓怎么放自己的手脚啊。”

文帝听完，半天没说话，最后说：“你说得对，那就这样吧。”

这个案例可以看到皇帝有任意处置犯人的权力，张释之也是这么说的。如果汉文帝直接下令处死这个人，那也是可以的，但是走司法程序，就必须按法官的审理来。

这就说明，如果领导是为了加强自己的权力，那么赏罚权来自领导个人，就比来自公司制度对领导更有利。这也是为什么有些单位不喜欢定制度，而喜欢领导一事一议的原因。

第十四章 备内：防备亲近的人

1 不能轻信身边人

[原文]

人主之患在于信人。信人，则制于人。人臣之于其君，非有骨肉之亲也，缚于势而不得不事也。故为人臣者，窥觇其君心也无须臾之休，而人主怠傲处其上，此世所以有劫君弑主也。为人主而大信其子，则奸臣得乘于子以成其私，故李兑傅赵王而饿主父。

且万乘之主，千乘之君，后妃、夫人适子为太子者，或有欲其君之蚤死者。何以知其然？夫妻者，非有骨肉之恩也，爱则亲，不爱则疏。……丈夫年五十而好色未解也，妇人年三十而美色衰矣。以衰美之妇人事好色之丈夫，则身见疏贱，而子疑不为后，此后妃、夫人之所以冀其君之死者也。唯母为后而子为主，则令无不行，禁无不止，男女之乐不减于先君，而擅万乘不疑，此鸩毒扼昧之所以用也。故《桃左春秋》曰："人主之疾死者不能处半。"人主弗知，则乱多资。故曰：利君死者众，则人主危。

[作者智解]

君主的问题就在于轻信人，轻信就会受制于人。臣子跟国君并没有骨肉之亲，是束于形势而不得不侍奉他。所以人臣窥视琢磨国君，一刻也不会停止，而君主傻乎乎地，这就是国君被劫持（指架空）的原因。国君特别信任自己的儿子，那么奸臣就借着他的儿子来谋自己的私。从前李兑做赵王的太傅，就是这样饿死了赵主父。

（赵武灵王的故事是这样的：他叫自己的太子当了赵王，也就是赵惠文王，自己称赵主父，从而放弃了部分权力。叫李兑当赵惠文王的老师，于是李兑围困赵武灵王，饿死了他。这个事情比较复杂，作者作为例子用在这里，略为不够恰当，但能说明问题。李兑饿死赵主父，是不是借助了赵惠文王的力量，实无名文。）

国君的夫人、太子，有的就是希望这国君早死。夫妻之间，本没有骨肉之亲，爱就亲，不爱就疏。男的到了五十岁还是好色，而女子三十美色就衰了。以色衰的女子侍奉好色的丈夫，自然被疏远，儿子也有可能失去继承权。所以夫人都希望国君早死，这样他就不会再宠爱别人，再生出儿子来竞争了。到时候，只剩母后和儿子当国家主人，说啥是啥，想干什么干什么，男女之乐也不比跟先君差，所以毒酒什么的（给丈夫灌下去）就出来了。《桃左春秋》里说，“君主正常病死的不到一半”。人主不懂得这个，则乱子就多起来了。如果从国君的死那里可以获利的人多，那么君主就很危险了。

延伸论据：戴歇“疑邻”

韩非子这里充分讲出了人性之恶，至于现实情况，则因人而异。后代强调对后宫的夫人姬妾也要搞儒家礼仪教育，就是培养品行，避免人性之恶。韩非子还讲过这样一个故事。楚王想叫自己的儿子们都去四邻诸侯那里当官，以加强邦交。戴歇说：“不可。”楚王说：“派他们出去后，到四邻当官，四邻必然也看重他们，礼遇他们，有什么不好的呢？”戴歇说：“他因为四邻帮他而礼重，等他回来以后，一定会做那个国家的党羽，这就是教儿子对外出卖国家啊。不好。”

这里是说君主和儿子也是对立的。儿子去哪国留学或当官，未来得到那个国家的支持，会对自己的国家或者父亲不利。

韩非子又说，卫国有一对夫妻，一起对着神祷告，说：“希望让我捡到一百束布啊。”那丈夫说：“怎么才要这么少？”妻子说：“再多了，你就会去买妾了。”

按这个故事，夫妻的利益尚且是矛盾的，何况君臣之间。

以上这两个故事来自《韩非子·内储说下》，意图都在说明君主与夫人、与儿子之间的对立关系，我把它们挪到这里使用。不过，君主和夫人、和儿子的对立，是不是像韩非子说得如此尖锐，不可调和，那还要综合分析。

2 哪些人从君主的失势中获利

[原文]

故王良爱马，越王勾践爱人，为战与驰。医善吮人之伤，含人之血，非骨肉之亲也，利所加也。故舆人成舆，则欲人之富贵；匠人成棺，则欲人之夭死也。非舆人仁而匠人贼也，人不贵，则舆不售；人不死，则棺不买。情非憎人也，利在人之死也，故后妃、夫人太子之党成而欲君之死也，君不死，则势不重。情非憎君也，利在君之死也。故人主不可以不加心于利己死者。

[作者智解]

所以，王良爱马，越王勾践爱士兵，都不是真爱，是为了让马跑，让人打仗卖命。医生给病人吮脓，不是因为有骨肉之亲，而是为了钱。做轿子的人，都希望人富贵（这样买轿子的多）。做棺材的人，都希望人死，这样买得多。这不是做轿子的就仁义，做棺材的就坏，都是因为要获利才这样想的。所以，夫人、小妾、太子成了联盟，都希望国君死。国君不死，他们的威势就不重，这不是因为他们憎恨国君，而是国君的死对他们有利导致的。所以，君主要小心那些自己身死对他们有利的人。

延伸论据：安禄山是怎么被下属取代的

做棺材的人就希望人多死，这一命题是否成立，也是结合人性和社会规范来说的。如果按赤裸裸的原始人性，也许他们会这么想，但社会规范建设得好，人也会无意识地遵守规范，保持善心，而不会出现做棺材的盼着人死，这样明确的念头。

人为了利益，确实会希望棺材大卖，但人本性也有羞耻心，再加上社会规范的夹持，或许不会听凭这样的念头滋长。

韩非子认为，君主身边的尊贵的大臣乃至夫人、太子，都希望君主早死，这是从利益角度推出的结论。从案例上看，也是有这种实例的，比如安禄山和太子的故事。

唐朝安史之乱的发动者是安禄山，他建立了燕国，自己当了皇帝。随后，安禄山因为眼病，视力严重衰退，再加上身上长疮，性格变得更加暴虐残酷，只要事不如意就大发雷霆，鞭打身边的下人们，甚至杀人，闹得人心惶惶。此时的安禄山久居深宫，不愿见人，众将士只能通过他的心腹大臣严庄呈递军情。严庄虽然位高权重，也难逃鞭打。

安禄山当时最宠爱的女人是段氏，他想立段氏所生的儿子安庆恩做太子，取代更年长的儿子安庆绪。安庆绪听说后，惶惶不可终日，就跟安禄山的心腹严庄商量。严庄因为平时也挨过安禄山打，提议杀了安禄山。于是派出刺客，刺杀了安禄山。最终，安庆绪继位了。

韩非子认为，在君主家庭里，父亲与太子之间也会关系微妙，甚至埋伏着生死危机，上述安禄山的故事就是例子。同样，安禄山的部将史思明也是异族血统，也和儿子互相火并。

史思明也自立为皇帝。他让儿子史朝义带兵进攻关中，但是打了败仗。史思明说："终不足成吾事！"甚至想以军法处决史朝义，留下了一句狠话："等我攻下陕郡，一定把这家伙杀了。"

史朝义听了这些话，心中害怕，于是他的部将劝他发动政变。他们收买了史思明的私人警卫官曹将军，去杀史思明。史思明当时正在上厕所，就被捉住了。史思明对儿子说："我早上只是说说狠话，不要杀我，等我攻下长安再说。"但是，史朝义还是用绳子勒死了史思明。

安禄山和史思明都死在儿子手里，难怪韩非子说君主对夫人、儿子都不能相信。毕竟，得到天下的利益太大，亲情都禁不起考验。但这样的例子在历史上毕竟是极少的特例，一般来讲，因利益之争而不顾父子感情，还是少见的。

韩非子并不是想研究亲情，而是想说：我们不要寄托于人性，寄托于亲情，而是要依托法、术。不管对方是孝子还是不肖子，是有良知的还是丑恶的，以法、术来驾驭他，他就能好好做。也就是韩非子反复说的"任数而不任人"。

3 怎样监察下级

[原文]

是故明王不举不参之事，不食非常之食；远听而近视以审内外之失，省同异之言以知朋党之分。……徭役多则民苦，民苦则权势起，权势起则复除重，复除重则贵人富。苦民以富贵人，起势以藉人臣，非天下长利也。故曰：徭役少则民安，民安则下无重权。

［作者智解］

所以，明王一定要三伍参验（找不同的人来验证下属）。君主不要吃不正常的食物，以免被人下毒，要听远处的信息，看近处的信息，扩大自己的耳目，还要审察内外，要对比大家相同和不相同的言语，以区分谁和谁是朋党。（这里说的，都是君主防备奸臣的办法。）

如果徭役多，人们就会苦。人们为了躲避徭役，就会投奔贵人、有权势的人，加重徭役，只是使贵人更富了，给臣子们增加了势，这对天下是不利的。所以说，徭役少则民安，民安则臣子也就无法获得民众，擅有权势。

（这里说的，与儒家孟子的仁政思路一致了。对民众搞仁政，减少徭役，可以缓解矛盾，避免君主被野心家趁机害死。

这可以看齐景公的故事。公子尾、公子夏两家都甚得民心，家里特别富贵，跟国君差不多，威胁着齐景公的权位。齐景公就和他们比赛争夺民心。于是，他打开仓库，把粮食分给群众，把余财都分给孤寡之人，把宫内自己享用不过来的美女，都送出宫嫁掉，不断给民众恩惠，从而跟俩弟弟争民心。过了两年，俩弟弟见势不妙，就出走了，因为在齐国混不下去了。

这就是领导搞恩惠，可以换取忠诚。）

第十五章
南面：管控力的技巧

1 防人之术

[原文]

人主之过，在已任臣矣，又必反与其所不任者备之，此其说必与其所任者为仇，而主反制于其所不任者。今所与备人者，且曩之所备也。人主不能明法而以制大臣之威，无道得小人之信矣。人主释法而以臣备臣，则相爱者比周而相誉，相憎者朋党而相非。非誉交争，则主惑乱矣。

[作者智解]

君主有这样的错误做法：已经任命了大臣，又另找一个没被任命的去做备选的人。这人一定跟已任命的为仇，为了取代已任命的人从而当上官，他反映的情况就会添油加醋，搬弄是非，这反倒使君主受制于他了。这个被派去的人和被监督的人，其实属性都一样。君主如果不能通过用法而制住臣子，那么也不能得到后派去的这个人的诚信。（言下之意，你做不到用法来管住臣子，那后派去的人你也是管不住的，也无法做到叫他对你诚信。）

而且，后派去作为备选的人，和任命的那个官员，如果他们俩互相爱，就会比周结党，互相赞誉；如果这俩人互相憎恨，又会互相说坏话，这样说好话或者说坏话，只会把国君搞惑乱了。

延伸论据：袁盎、周瑜的副职有利有弊

派一个人做某官，然后又派一个人做后备，去监督他，那么两个人之间势必产生矛盾。这两个人会有两种可能。一是彼此吹捧，我夸你好，你夸我好，联手到池塘里摸鱼。这样，派人去的目的就丧失了。还有一个可能，是俩人彼此竞争，互相揭短，所以后派去的人发给你的信息也并不一定真实可靠。

人们常说的“用人不疑，疑人不用”，其实就是这个意思。这种派副职监督的办法是无效的。

关于派人来监视，可以举袁盎的例子。

汉文帝派袁盎到外地去做官，具体来讲，就是去给诸侯王吴王刘濞当相。

诸侯国内除了大王，最大的就是相了。相的职责就是负责诸侯国的行政，同时监督诸侯王，避免他做违法的事情。但是，刘濞是个有霸王脾气的人，非常嚣张。他是刘邦的侄子，跟汉文帝是同辈，骄横得很，那地方的人也多是奸人。袁盎代表朝廷去了，如果公事公办，揭出他的私奸罪恶，刘濞轻的是上书朝廷诬告，重的就直接找人拿着利剑把袁盎刺杀了。以前去那儿的相，没一个有好结果的。

袁盎到了那儿，就整天喝酒，偶尔说说，劝吴王安分守己，这就够了。多喝酒，少办事，也许能保住性命。于是吴王可喜欢他了，袁盎休假回去，临走时吴王送给他好多贵礼。

这个故事讲完了。可以说，朝廷派人去监督吴王，结果是一点效果都没有。相反，袁盎回来之后，还带来了很多假情报，说吴王很恭顺。这造成了朝廷的麻痹，没有料到后来是吴王带兵作乱。

这个故事也说明，单单派人去监督防备，是不够可靠的。韩非子说的也

是这个观点。你派人去监督，如果俩人互相本来有仇，监督者就会对被监督者造谣中伤；如果俩人关系好，或者因为被监督者的威逼利诱，监督者选择跟他交好，那监督也就无效了。所以，韩非子另外给出的办法是，用法来制住臣子。具体怎么用法来管呢？就是下文接着说的，叫臣子说出个目标，承诺达到的结果，检验他的结果，这样，臣子就无法弄虚作假和欺骗了，君主就掌控了他。

关于给正职下面派一个副职，这样的案例，还可以看周瑜的故事。

三国时代，关羽替刘备守荆州，孙权准备派出将军吕蒙，坐船带兵去偷袭荆州。孙权说："现在可以行动了，我让我的堂弟孙皎，和你并为左右大都督，去进攻关羽。这次行动一定要机密，那关羽还不知道这事呢。"

吕蒙同意去，但是他说："至尊，如果您觉得孙皎厉害，就应该用他，如果您觉得我可以，就应该用我。从前周瑜、程普为左右大都督，在赤壁之战后，一起去攻曹仁的江陵，结果程普自恃老将，又阶级相当，与周瑜不睦，几乎败了国家大事，打江陵拖了一年有余。此是目前之戒也。"

孙权脸上一红，只好同意了，说："子明所言极是，我这就向你道歉，那就以卿为大都督，孙皎为后继。"

吕蒙这里，就是拒绝孙权给他派个副职。以前赤壁之战，周瑜和程普是正副职。虽然赤壁打胜了，但那是因为大兵压境，随后打江陵，就互相拆台，几乎败掉国家大事。这次，吕蒙单独做主将，向西去偷袭荆州，终于打败了关羽。从这个案例讲，派备选人或者副职，弊大于利。不过，管理之道，没有绝对真理，具体还要看实际情况，十全十美的办法是不好找到的。韩非子的本段分析，有很强的参考价值。

2 用制度和舆论监督来管理

[原文]

人臣者，非名誉请谒无以进取，非背法专制无以为威，非假于忠信无以不禁；三者，惛主坏法之资也。人主使人臣虽有智能，不得背法而专制；虽有贤行，不得逾功而先劳；虽有忠信，不得释法而不禁：此之谓明法。

人主有诱于事者，有壅于言者，二者不可不察也。人臣易言事者，少索资，以事诬主。主诱而不察，因而多之，则是臣反以事制主也。如是者谓之诱，诱于事者困于患。其进言少，其退费多，虽有功，其进言不信。不信者有罪，事有功者不赏，则群臣莫敢饰言以惛主。

人臣为主设事而恐其非也，则先出说设言曰："议是事者，妒事者也。"人主藏是言，不更听群臣；群臣畏是言，不敢议事。二势者用，则忠臣不听而誉臣独任。如是者谓之壅于言，壅于言者制于臣矣。……人主使人臣言者必知其端以责其实，不言者必问其取舍以为之责，则人臣莫敢妄言矣，又不敢默然矣。

[作者智解]

作为人臣，靠着邀取名誉和请托才能求得升官，靠着违法专制才能使自己有威，假装忠信才能逃脱法令制裁，这都是人臣蒙蔽主子的办法。君主要使臣子即便有智也不得擅权，即便有贤能也不能在立功前就得到赏赐（必须拿出结果），即便忠信也不能放弃用法管控他，这才叫明法——明确法令。

（这说的就是用法来管控臣子。也就是说，不要光听臣子讲，要检查他的效验和结果，这样臣子就无法随意忽悠君主了。）

人臣会把事情说得很容易，少向国君要费用。国君因此觉得他有本事，实际是被他骗了，反倒受制于他。如果他说办这事不用花多少费用，那就去看他的结果，如果结果他花多了，那就是他不诚信，就要惩罚他。通过这样的操作，群臣就不敢花言巧语骗国君了。臣子前面说的和后面干的实际情况不符，即便后面干成了，也要定他的罪，这样他就不敢乱说了。

臣子有时候提一件事，怕别人反驳或质疑他，就会先说："谁反对我，就是因为嫉妒我办这件事。"君主记在心里了，不再听群臣的反对意见。群臣也怕那话，不敢提不同意见。这样，就是被臣子蒙蔽，反受制于臣了。如果臣子不肯提反对意见，那也不行，君主也要追究他的责任，要问他为什么不说。这样，就避免人们默然消极了。

（要想管控臣子，还要发挥其他臣子的作用，也就是叫其他臣子质疑和反驳他，提出不同意见。君主必须鼓励其他臣子提意见，这样，君主对臣子的控制就更多了一环。后代的谏官，就是从事这一任务的。给朝廷内外大臣们提意见，是谏官的职责。这相当于国君把群众监督、舆论监督，引入到对臣子的管控中来了。企业中也有这样的做法，就是"意见箱"。）

第十六章
饰邪：怎么对待伪装的善人

1 仗恃别人不如用对人

［原文］

恃诸侯者危其国。曹恃齐而不听宋，齐攻荆而宋灭曹。……郑恃魏而不听韩，魏攻荆而韩灭郑。……故恃人不足以广壤，而韩不见也。

臣故曰：明于治之数，则国虽小，富；赏罚敬信，民虽寡，强。赏罚无度，国虽大，兵弱者。……舍法律而言先王明君之功者，上任之以国。……主以是过予，而臣以此徒取矣。主过予，则臣偷幸；臣徒取，则功不尊。无功者受赏，则财匮而民望；财匮而民望，则民不尽力矣。故用赏过者失民，用刑过者民不畏。有赏不足以劝，有刑不足以禁，则国虽大，必危。

［作者智解］

仗恃诸侯是危险的。从前曹国仗恃有大国齐国支持它，不听宋国的。结果齐军出去打楚国，顾不上照顾曹国了，这时候，宋国趁机出兵，灭掉了曹国。郑国仗恃魏国而不听韩国的。当魏国去跟楚国打仗的时候，韩国趁机灭掉郑国，而魏国无暇来救。所以，仗恃着别人，是不足以扩大土地的。（因为所依仗的对象一旦忙着跟别人打仗，顾不上救你，你就危险了。言下之意，需要自己加强戒备，或者努力壮大国力，不要仗恃别的大国跟我好。人只能靠自己，所以下文说的重点是自己搞好法术之治。）

所以我认为，赏罚严格、公正，则国家虽小，也能富强。赏罚无度，国家虽大，也会削弱。比如，君主喜欢错误地给予赏赐。比如，那些不谈法律而大谈特谈先王之道的人，被国君任用管理国家，这是错误的任用，臣子白白得到好处。这样无功受赏，浪费国家财货，也给民众带来负担和怨望。

赏赐错了，就失去民众的支持；刑罚使用错误了，民众就不再害怕。这样，以后再搞赏赐也不足以劝人努力，再用刑罚也无法禁止邪恶了，那么国家虽大，也必危险。

延伸论据：虚言等于画鬼

韩非子的意思是，一定是这个人带来了可观的物质收益，才能给予赏赐。如果大谈先王之道，凭着口舌，但没有带来客观的成果，就给他赏赐，那是错误的，只能鼓励了那些游说浮说的人——韩非子认为谈先王之道没用。

关于这一点，有这样一个小故事可以说明。

齐王问一个画工："画什么最难。"画工说："画犬马难。"又问："那画什么容易呢？"回答说："画鬼魅最容易。"犬马，是人人都知道的，有标准，像不像很容易判断，所以难画。而鬼魅，是无形的，谁也没见过，所以画起来容易。

这里的意思是说，有度量标准，能用事实检验的东西，是难的；无标准的情况下的乱说，是最容易也最没用的。所以，韩非子主张做那些拿出标准可以考核的事情，也就是用法和赏罚来管理，而大谈先王之道，就是没有标准可以衡量他谈得对不对，犹如画鬼——这是最容易的，因为可以信口胡说。所以，君主不能对这些人进行赏赐。谈先王之道，就是画鬼；使用法考核结果，就是画犬马。

2 法的执行

[原文]

当魏之方明《立辟》、从宪令之时，有功者必赏，有罪者必诛，强匡天下，威行四邻；及法慢，妄予，而国日削矣。……夫舍常法而从私意，则臣下饰于智能；臣下饰于智能，则法禁不立矣。是妄意之道行，治国之道废也。治国之道，去害法者，则不惑于智能，不矫于名誉矣。

昔者舜使吏决鸿水，先令有功而舜杀之；禹朝诸侯之君会稽之上，防风之君后至而禹斩之。以此观之，先令者杀，后令者斩，则古者先贵如令矣。故镜执清而无事，美恶从而比焉；衡执正而无事，轻重从而载焉。夫摇镜则不得为明，摇衡则不得为正，法之谓也。……释规而任巧，释法而任智，惑乱之道也。

释法禁而听请谒，群臣卖官于上，取赏于下，是以利在私家而威在群臣。……此废法禁、后功劳、举名誉、听请谒之失也。

凡败法之人，必设诈托物以来亲，又好言天下之所希有，此暴君乱主之所以惑也，人臣贤佐之所以侵也。……今人臣多立其私智以法为非者，是邪以智，过法立智。如是者禁，主之道也。

修身洁白而行公行正，居官无私，人臣之公义也；污行从欲，安身利家，人臣之私心也。……故先王明赏以劝之，严刑以威之。赏刑明，则民尽死；民尽死，则兵强主尊。……故曰：公私不可不明，法禁不可不审。

[作者智解]

当初，魏国颁布了《立辟》，这是法律，有功必赏，有罪必罚，于是魏国强大，威行四邻。但是随着它的法令怠慢下来，不该赏赐也随便给赏赐，国家就日渐削割。所以说，舍去法律而根据个人意志，臣子们就粉饰自己，迎合和欺骗君上（比如国君觉得善的人就奖，有能力的人就奖，这些人就伪装成善和有能力）。人们越来越忙着主观地乱猜君主的心思，而真正的治国之道就废掉了。治国之道，就是把这些损害法律严肃性的做法都去掉，大家就不伪装自己有名誉、有德行了。

从前，舜派官吏去挖开鸿水。有的人没等下令，就干起来了，虽然有功，但是舜还是杀了他们。大禹召集诸侯在会稽山开会，防风国的国君迟到，大禹就杀了他。先于命令下达的给杀了，比命令延迟的也杀了，看来，古代明君看重的是完全依照命令。镜子能够清净无事，美恶因此比较出来了，衡（称）能够平正而无事，轻重就分出来了。如果你去摇镜子，它就不明了，如果你去晃动衡，它称量也就不准了。这是对法的象征。所以先王把法当作根本。根本清楚，就能大治，根本乱了，也就治不好了。放弃规矩而使用巧智，放弃法律而任用智慧（国君不用法，而用主观判断，就像晃动镜子一样），是惑乱之道。

放弃法令而听凭大家的请托，大臣们会向下卖官，这样来获得钱财，于是好处归了大臣，威风也归了大臣。民众都不尽力侍奉国君，而谋求交结大臣。钱财也都跑去了大臣的私家。这样，奸臣就日益发达而能人引退。这是废除法禁，不看功劳，只看虚的名誉，听凭请托的后果啊。

凡是败乱法律的人，一定会虚构什么事情来获得君主关注，又喜欢说天下少见的什么稀奇事，这是君主被迷惑的原因啊。如今人臣多运用自己的私智来说法令是没用的，这是用智力来做邪恶的事，明主应该禁止它。

明主一定要分清公私，明确法制，去掉私恩（私下照顾谁的人情）。令必行，禁必止，不管对方跟你有没有私恩。顾及私人情谊，就一定会乱了。

人臣的公心，就是清正廉洁，秉公办事，不图私利。人臣的私心，则是贪污受贿满足私欲，谋求对自己和家族的好处。人难免都会顾及自己的私心的，怎么才能使臣子没有私心呢？那就是法制。用赏的办法劝他，用刑罚吓唬他，这样他才用公心，为国效力，国家才能富强。所以说，公私一定要分明，法禁一定要审慎。

延伸论据：吴起、楚庄王任法而无私

以上是讲以法治吏，强调法令执行时的严格，不被私情破坏。关于法的执行要点，还可以补充下面的故事。

吴起的夫人在家给吴起织组（“组”，一种系冠或者系印的丝带），织完了一量，比政府规定的窄。于是吴起要求她拆了重织，妻子答应说好。

织完，吴起再一量，还是不达标，大怒。妻子赶紧解释：“经线固定好了，你叫改的时候已经没法改了。”

吴起说：“没法改，那你答应干吗？”吴起不能原谅妻子的欺骗行为，于是跟她离婚了。

妻子赶紧请自己的兄长出面求情。兄长说：“吴起这个人我知道，他推崇法家，法无私情，包括要在最亲近的人身上实行，再广大推行，给国家带来功效，所以，你不要再想着给他当老婆了。”

法家就是这样，不分贵贱亲疏，一律断以法。不分贵贱亲疏，才能成就法令的大功。

法的运用，要不避亲贵，可以看楚庄王的例子。

楚庄王有法令：群臣大夫公子们，上朝的时候，如果马蹄踏到了滴水檐的地方，就把他的车夫杀头。结果，太子上朝，马蹄踩到了滴水檐下，司法官上去，杀了太子的车夫。太子生气了，跑去向父王哭诉："请给我做主，把司法官杀了。"

楚庄王说："这是法律规定的，目的是对宗庙社稷表示尊敬。能够按法律执行，使大家尊重社稷，这是社稷之臣啊。怎么可以杀了他呢？触犯法律，不尊社稷，这是臣子冒犯国君啊。臣子冒犯国君，国君就没了威严，下犯上，上就失去了权位。我如果失去权位，将来拿什么传给子孙呢？"于是太子谢罪，出去露宿了三天，表示自我惩罚。

第十七章 观行：不懂得借势就不能成事

[原文]

古之人目短于自见，故以镜观面；智短于自知，故以道正己。故镜无见疵之罪，道无明过之怨。目失镜，则无以正须眉；身失道，则无以知迷惑。西门豹之性急，故佩韦以缓己；董安于之心缓，故佩弦以自急。故以有余补不足、以长续短之谓明主。

天下有信数三：一曰智有所不能立，二曰力有所不能举，三曰强有所不能胜。故虽有尧之智而无众人之助，大功不立；有乌获之劲而不得人助，不能自举；有贲、育之强而无法术，不得长胜。故势有不可得，事有不可成。故乌获轻千钧而重其身，非其重于千钧也，势不便也。离朱易百步而难眉睫，非百步近而眉睫远也，道不可也。故明主不穷乌获以其不能自举，不困离朱以其不能自见。因可势，求易道，故用力寡而功名立。时有满虚，事有利害，物有生死，人主为三者发喜怒之色，则金石之士离心焉。

[作者智解]

眼睛不能看见自己的脸，所以古人就设了镜子来观察自己；智力不足以认识自己正确与否，所以设了道来端正自己。没有镜子，就看不见脸上的瑕疵，没有道就不能知道自己的过错。西门豹这个人有个缺点，就是性子急，于是他就佩戴韦（熟牛皮）当腰带，提醒自己和缓一下；董安于这人脾气柔，就佩戴弓弦，叫自己急一些。所以，以有余来补不足，以长续短，才是明主。

（意思是人需要外部工具的帮助，比如镜子、腰带的提醒。在韩非子的体系中，赏罚、权变、法令，都是外部的工具，君主应该借助他们，而不是靠自己的主观智虑，因为人的主观判断，是很容易受到他人，比如近臣们的忽悠而失误的。这就像你估摸物体的长度再精准，不如拿个尺子量；你喜欢这个人要奖励他，不如拿业绩标准来判定。）

有这样三个必然之理：智力也有它办不成的事，力量有它所不能举起的东西，强也有它所不能战胜的东西。（人的能力是有极限和偏好的，是有限的。）即便是尧那么有智慧，没有众人帮助，也建不成大功。像乌获那么有力气，没有人帮助，也不能自己把自己举起来。有孟贲、夏育的勇猛，没有法术，也不能胜利。

势有所不便足，则事不成，所以乌获能把千斤重物举起来，但是举不起自己。不是因为他自己比千斤还重，而是势不便也。离朱能看见百步之外的小东西，但是看不见自己的睫毛，不是因为百步近而睫毛远，而是自然之道使得这不可能。所以，明主不逼着乌获非得举他所不能举起的自己，不为难离朱叫他看自己看不见的睫毛。要因着势，寻找容易的道，这样用力少而立功名。时机都是有满有虚，事情都是有利有害，事物都是有生有死，君主为了这些不可转移的形势而发怒，逼迫自己的臣子，那么臣子就离心了。能明白这些，就懂得了道。（说这些的意思是，用人要因其材质和意欲。）

延伸论据：商汤、周武王、齐桓公因势而成霸主

本篇认为，一些事情是靠人的努力不容易做到的，而是势和时机来影响和决定的。这就得到结论：做事要因着势，顺着规律，这样就能出力小

而成功大。

关于这一点，可以讲商汤、周武王的例子。

夏朝的太史劝说夏桀。夏桀迷惑，不听，还是继续暴乱。于是，太史令就逃奔去了商朝。商汤告诉诸侯说："夏王无道，暴虐百姓，轻视贤良，弃义听谗，民众都怨恨他，他的良臣，守法之臣，都主动跑来投奔我啦。"于是，商汤去讨伐夏桀了。

商朝的内史见商纣王越来越迷乱，就带着图书，出逃去了周国。周武王大悦，对诸侯说："商王大乱，沉于酒德，远离贤人箕子，妇人妲己为政，赏罚无方，不用法度，杀掉三个无辜的人，民都不服。守法之臣，出奔到了我们周国。"

看到这种情况，商汤就起兵去讨伐夏桀，周武王也起兵讨伐商纣王，这里谈的就是势和时机。虽然夏桀和商纣王无道，但是如果还没有到导致国内的贤人都逃走的地步，那么去攻打，也未必能获胜。而等到了这一局面出现，说明商纣王已经极其腐坏，是适合讨伐他的时机了。这就是韩非子本章说的，"要因着势，寻找容易的道，这样用力少而立功名"。

逆势而动，花很大力气也不会成功；顺势而动，就事半功倍。

因势，就是顺应着势和规律，乘势而为，而不是逆势强求。时机不到，势有所不便，你就是逼着乌获去举，逼着智者出谋划策，他们也搞不出来。所以，不要总是勉强人，而是要关注和研究势与时机。

齐桓公想当诸侯的霸主，叫郑国来加盟。郑厉公不肯接受齐桓公领导。于是，齐桓公和诸侯讨伐郑厉公，但是齐军难以取胜，只得撤回。

诸侯军刚走，郑厉公忽然得报，南方的楚文王带兵也来讨伐自己，杀入国家南境了。

原来，楚文王有北上之志，而北上的话，首当其冲是进攻中原中部的郑国。这时候，郑厉公方才有些不安，楚国已经咄咄逼人，如果自己再和霸主齐国为难，则势必不能招架楚人。

郑厉公权衡再三，派出使节，跑到齐国，答应奉齐国为霸主。

在这个过程中，齐国的事情能不能做成，取决于国际的势。利用这种势，他才成为赫赫霸主。此前的君主也有比齐桓公厉害的（比如郑庄公），但是没有称霸，是因为势还没有形成。

以上的势的道理用于博弈，就是找顺着势去调动别人，才能成功，逆势强求，博弈难成。

第十八章
守道：善用惩罚

［原文］

圣王之立法也，其赏足以劝善，其威足以胜暴，……治世之臣，功多者位尊，力极者赏厚，情尽者名立。善之生如春，恶之死如秋，故民劝极力而乐尽情，……故能使用力者自极于权衡，……战士出死，……守道者皆怀金石之心，以死子胥之节。

［作者智解］

圣王设立法，它的赏赐足以劝大家做善事，它的威罚足以压过凶暴。在良好的社会秩序下，功劳多的得到提拔，力量大的获得赏赐，诚信的获得美名。如果善能得到照顾和发扬，恶能被惩罚，那么人们就会努力为善，有力气的人就会献出勇力，为国家征战，守道文官则怀着金石之心，像伍子胥那样为国家尽忠死节。

延伸论据：汉顺帝、晋文公善用赏罚

这是主张赏罚公平，就能促成社会良性运转。关于赏善罚恶，可以看李固的故事。东汉顺帝的时候，梁翼做大将军，经常为非作歹。于是，汉顺帝派侍中杜乔、周举、周栩、冯羡、栾巴、张纲、郭遵、刘班八个人，分别去各州郡巡查。有贪污的，如果是刺史，二千石就上报，墨绶以下的就直接抓起来。不等出发，张纲就说：“豺狼当路，安问狐狸！”意思是，要查就查上面官大的。于是弹劾大将军梁冀，说他专权贪污，陷害忠良，汇报了他们的不法行为十五条。

上书之后，京城振动。但是梁皇后是梁翼的妹妹，她正受宠，汉顺帝知道张纲说的是事实，但袒护自己的外戚梁翼，也不做处理。八个使臣去各地跑了一圈，弹劾的人大多是梁冀在各地的党羽亲戚做了地方官的，但是这事报上来之后，就不了了之了。于是，大司农李固和廷尉吴雄又上疏，要求严办这些人。

汉顺帝终于答应了，罢免了被举报的这些刺史郡守，一时朝野称善。李固前后奏免了一百多个官员。

在这个案例中，汉顺帝是有法的，只要能克服障碍，严格地基于法去赏罚处理，就能获得朝野称善。下面再说一个来自《韩非子·外储说下》中的例子。

晋文公问狐偃：“我想有了好吃的，就分给大家，有了好酒，也分给大家，即便杀一头牛，都分给国人吃，这样能打仗胜利吗？”

狐偃说：“不足以。”

晋文公说：“那应该怎么做呢？”

狐偃说：“信赏必罚，这样他们就努力打仗了。”（必罚，就是犯了罪的，一定惩罚，不能通融。）

晋文公说：“那刑罚中的极致是什么？”

狐偃说：“不避亲贵，法行所爱。”

晋文公称善。

于是，约定第二天中午阅兵，迟到了惩罚。结果，晋文公宠爱的一个臣子叫颠颉的，却迟到了。晋文公毫不犹豫就杀了他，在国内展示。百姓都害怕了，于是晋国战无不胜。定的法就必须执行，不能法外开恩，这就是信赏必罚。

第十九章
功名：不可只有能力却没势力

[原文]

明君之所以立功成名者四：一曰天时，二曰人心，三曰技能，四曰势位。非天时，虽十尧不能冬生一穗；逆人心，虽贲、育不能尽人力。故得天时，则不务而自生；得人心，则不趣而自劝；因技能，则不急而自疾；得势位，则不推进而名成。若水之流，……守自然之道，行毋穷之令，故曰明主。

夫有材而无势，虽贤不能制不肖。故立尺材于高山之上，则临千仞之溪，材非长也，位高也。桀为天子，能制天下，非贤也，势重也；尧为匹夫，不能正三家，非不肖也，位卑也。千钧得船则浮，锱铢失船则沉，非千钧轻锱铢重也，有势之与无势也。故短之临高也以位，不肖之制贤也以势。

人主之患在莫之应，故曰，一手独拍，虽疾无声。人臣之忧在不得一，故曰：右手画圆，左手画方，不能两成。……故古之能致功名者，众人助之以力，近者结之以成，远者誉之以名，尊者载之以势。如此，故太山之功长立于国家。

[作者智解]

明君之所以能建立功名需要四个方面：天时、人心、技能、势位。

没有天时，就是十个尧也不能让冬天长出一根麦穗；逆着人心，人们就不给你效力。得到天时，就能主动生长；得到人心，不用劝他就努力。顺应他的技能，不催他就能快办。得到势位，不推，你就能成功，这就好像水从高往低流。守自然之道，行无穷之令，才是明主。

虽然有才能，但是没有势，那你就是贤人也制不住不肖的人。一尺的小树立在高山之上，下临千仞之溪，不是因为这树高，而是位高。夏桀当天子，能制天下，不是因为他贤，而是他的势重。尧作为匹夫，不能匡正三个家庭，不是他不肖，是因为位卑。千钧大船能浮着，锱铢铁丸却沉下去，不是千钧轻锱铢重，而是有势无势的差别。

短的东西临在高的东西之上，靠的是位；不肖的人制着贤的人，靠的是势。

君主和臣子，应该目标相同，分工不同。靠一只手拍，再怎么使劲也没声音。右手画圆，左手画方，不能两成，所以要团结协作。古代能建出功名的，一定是众人用力帮助他。近处的人竭诚服务他，远处的人帮他传播名誉，有身份的人（尊者）用势来托起他，这样才成就泰山一样的伟大功勋。

延伸论据：臧孙纥巧于用势而逢凶化吉

要成功，需要别人的帮助，需要自己有技能，还需要有势。怎么才能有势呢？文章中说了，得是尊贵的人“载之以势”，把你推到有势的地位上去，给你势去乘坐。这大约就是借势吧，或者说贵人相助吧。否则的话，你再有本事，也被山头的小草压着。哪怕你是棵青松，但是长在了山涧里。

即便普通人，也有自己的势，那就是自己的资源，充分运用它，就能够成功。我们借助臧孙纥的故事说明一下。

臧孙纥是鲁国的卿，他因为被季武子忌惮，被驱逐出境。

臧孙纥流亡在外，就给本家族的庶兄臧为写信，说我有个大乌龟壳（非常值钱，宝贝），你把他献给季武子，或许他就能叫你回去继我的位子，保住我们臧家的贵族身份。

于是，臧为给季武子献上这个大乌龟壳。季武子一看这个超级宝贝，很高兴，但是，为了这么个乌龟壳，就复立臧氏，那也太便宜臧家了。

季武子正在犹豫。臧孙纥又从国外跑去了鲁国北部自己的封邑防邑（是鲁国北部门户），从防邑派使者来曲阜。臧孙纥也知道，光靠一个乌龟壳不行。他的使者对季武子说："臧孙纥不是想作乱，只是被人诬陷。他的请求也是为了他家族，不是为了他自己，如果苟能保住他的家族，他岂敢不离开防邑？"

意思是，若能立我大哥，我就离开防邑，否则，我就待在这儿，给你们捣乱。

季武子没办法了，答应立臧孙纥的哥哥为臧氏新的掌门人和卿。之所以只能立了他，是因为势有所不免。如果臧孙纥拿着自家的防邑去投奔北面的齐国，则鲁国的北方门户大开。所以，臧孙纥虽然下岗了，但还是有势，势就是自己拥有的资源——实际上，臧孙纥跟齐国国君的关系也不错。

按韩非子的观念，君主就必须牢牢把握自己的势，充分利用自己的势。一尺的小树立在高山之上，下临千仞之溪，不是因为这树高，是势位高，说的就是这个意思。这棵小树处在高的位置，它能掌控调动的资源，多于山谷里的大树，所以它的势大。

第二十章
内储说上：博弈的七种术[①]

1 怎么做多个方面的参验

［原文］

主之所用也七术，所察也六微。七术：一曰众端参观，二曰必罚明威，三曰信赏尽能，四曰一听责下，五曰疑诏诡使，六曰挟知而问，七曰倒言反事。此七者，主之所用也。

观听不参则诚不闻，听有门户则臣壅塞。

鲁哀公问于孔子曰："鄙谚曰：'莫众而迷。'今寡人举事，与群臣虑之，而国愈乱，其故何也？"孔子对曰："明主之问臣，一人知之，一人不知也；如是者，明主在上，群臣直议于下。今群臣无不一辞同轨乎季孙者，举鲁国尽化为一，君虽问境内之人，犹不免于乱也。"

齐人有谓齐王曰："河伯，大神也。王何不试与之遇乎？臣请使王遇之。"乃为坛场大水之上，而与王立之焉。有间，大鱼动，因曰："此河伯。"

叔孙相鲁，贵而主断。其所爱者曰竖牛，亦擅用叔孙之令。叔孙有子曰壬，竖牛妒而欲杀之，因与壬游于鲁君所。鲁君赐之玉环，壬拜受之而不敢佩，使竖牛请之叔孙。竖牛欺之曰："吾已为尔请之矣，使尔佩之。"壬因

① 说，是观点的意思。本文先列出七个观点，然后举故事作为例子。

佩之。竖牛因谓叔孙："何不见壬于君乎？"叔孙曰："孺子何足见也。"竖牛曰："壬固已数见于君矣。君赐之玉环，壬已佩之矣。"叔孙召壬见之，而果佩之，叔孙怒而杀壬。壬兄曰丙，竖牛又妒而欲杀之。叔孙为丙铸钟，钟成，丙不敢击，使竖牛请之叔孙。竖牛不为请，又欺之曰："吾已为尔请之矣，使尔击之。"丙因击之。叔孙闻之曰："丙不请而擅击钟。"怒而逐之。丙出走齐，居一年，竖牛为谢叔孙，叔孙使竖牛召之，又不召而报之曰："吾已召之矣，丙怒甚，不肯来。"叔孙大怒，使人杀之。二子已死，叔孙有病，竖牛因独养之而去左右，不内人，曰："叔孙不欲闻人声。"不食而饿杀。叔孙已死，竖牛因不发丧也，徙其府库重宝空之而奔齐。夫听所信之言而子父为人僇，此不参之患也。

[作者智解]

君主的七个术，分别是：第一，多个方面参验；第二，必罚明威；第三，信赏尽能；第四，一一听取下属汇报来督责下属；第五，发出假的命令来测试下属；第六，拿已经知道的信息问下属，判断其说话的真假；第七，倒言反事（说出和本意相反的话或事情来测试下属）。

第一，只听下属说的而不从多个方面来参验，就会被蒙蔽。

（从多个方面去参验，就是找不同人来印证，唐太宗的名言"兼听则明，偏信则暗"说的就是这个意思，兼听就是听取各方面意见，也就是韩非子说的多方参验。关于这个，有孔子的论说。）

有一次，鲁哀公问孔子："我平时有事都是跟群臣一起讨论，可是国家还是越来越乱，为什么啊？"孔子说："跟群臣讨论是对的，群臣应该每个人都耿直地发表意见，但是，现在群臣无不异口同声地跟季孙氏说的一样（季孙是权臣），那整个鲁国都成了一个声音，您就是把全境内的人都问了，又有什么用呢？还是不免于乱啊。"

（意思是，对臣子的言行要参验，向多方面打听核对，广泛征求意见。现在大家都按权臣的意思说，自然失去了参验的效果。）

齐国人有对齐王说：“河伯是大神，您不想见见吗？我能请他和您相见。”于是在大河旁设坛场，跟大王站在上面。不一会儿，水里有大鱼游动。这个人说：“这是河伯。”（这不是胡咧咧吗？之所以他可以蒙蔽国君，是因为没有其他人质疑。如果多问几个人，听听不同意见，就能判断是非了。）

鲁国的卿叔孙豹有个私生子，叫竖牛，做了大管家。叔孙豹打算立自己的嫡儿子孟丙为继承人，这事需要召开一个宴会，叫诸卿大夫都来，算是记者招待会，在会上公开之。

这一天，叔孙豹把家臣长竖牛叫来，在病床上告诉他记者招待会的日子，叫他主办。

竖牛野心勃勃，出来之后，就把老爸说的日子提前了几天，从而召集诸大夫。

这一天到了，叔孙豹听到了外面的钟鼓之声，很奇怪，就问竖牛：“怎么回事，外面招待宾客吃饭呢？”

竖牛说：“是的，是孟丙招待大夫们呢。”

叔孙豹当即大怒，心说儿子怎么敢这么气我，提前私自召开记者会宣布自己当继承人？一怒之下，就把儿子孟丙杀了。

那就剩解决叔孙豹的另一个儿子仲壬了。仲壬有一天到鲁昭公的宫里玩，鲁昭公给了他一个玉环。回家以后，按照礼，仲壬叫竖牛把玉环送给自己的爸爸叔孙豹瞧瞧。

竖牛拿着玉环，进去了，却没见叔孙豹，绕了一圈就回来了，对仲壬假传“圣旨”说：“爸爸叫你把这环戴上。”

仲壬高高兴兴就佩戴上了。

随后，竖牛又进去，到病床前对叔孙豹说：“您派仲壬去见一下国君吧，好不好？”

意思是，派仲壬去国君那里，叫国君确定仲壬的嗣子地位。

叔孙豹很奇怪，问：“你这话什么意思啊，没事儿叫我让他去见国君干什么？”

竖牛说：“你不派他去见，他已经自去见了，国君还给了他一个玉环，他自己戴上了。”

意思很明白了。仲壬私下去见鲁昭公，这也可以，但是鲁昭公给他的环，他自己戴上了，那就不同寻常了。等于他去见鲁昭公，是请求做叔孙家的继承人，鲁昭公批准了，还给环戴上（以此为昭示）。

叔孙豹大怒，我还没死，也没发话呢，你就找国君，要抢着当嗣子，是盼着我死啊！我病成这样，你就光想着接班的事啊。于是，叔孙豹命把二儿子仲壬驱逐出境。仲壬只好跑去齐国，找妈妈去了。

不久，叔孙豹病得快不行了，气息奄奄。竖牛不让人给他饭吃，最终叔孙豹饥渴而死。

叔孙豹听信竖牛的谎言，把自己的俩儿子都弄没了，这就是他不参验的后果啊。如果他对竖牛的话，找不同的人核对确认，多方参验，就不至于被骗了。

［原文（续）］

卫嗣君重如耳，爱世姬，而恐其皆因其爱重以壅己也，乃贵薄疑以敌如耳，尊魏姬以耦世姬，曰：“以是相参也。”嗣君知欲无壅，而未得其术也。夫不使贱议贵，下必坐上，而必待势重之钧也，而后敢相议，则是益树壅塞之臣也。

[作者智解]

卫国君重用大臣如耳，宠爱世姬，但是怕这两个人专权蒙蔽自己，又提拔薄疑来和如耳匹敌，又宠爱姬来制约世姬，并说："这样就防止他们壅塞蒙蔽我了。"卫国君怕被蒙蔽，但是没找对办法。更好的办法是让级别低的人议论级别高的，如果替上级隐瞒，上级出了事，下级也要连坐，这样才是最好的。让两个级别相同的人互相制约，只能使蒙蔽君主的人更多罢了（从一个人，变成了两个）。

延伸论据：韦澳以小官牵制大官从而获得权柄

这里，韩非子认为，提拔一个人与另一个人互相制约，有可能使这二人联合起来一起蒙蔽领导。作者认为更好的办法是下级可以批评、非议上级，下级不揭发上级，上级出了事，下级要连坐。

简单来讲，就是用下级来牵制这些大官。这个办法其实是正确的方向。

实际上，对君主挑战力度最大的，是大的官。他们权势大，一旦跟君主不同心，就会让君主头疼。这可以参看唐宣宗的一次对话。

唐宣宗时，宦官权力大，甚至可以废立皇上。唐宣宗就和韦澳商议怎么办。韦澳回答说："不如选几位有才学的宦官合作。"宣宗说："这是下策。赐他们三品以下官阶时，还都知感恩，一旦提拔至三品官时，他们就会去投靠那些权势滔天的宦官了！"

意思就是说，宦官权势很大，韦澳建议提拔和任用一些下级的宦官，来制约大宦官。但唐宣宗说，提拔这些低级宦官到三品以下时，他们还知道感恩，会帮着我。但提拔到更高的三品时，他们还是会投靠最有权势的大宦官了。这是因为在当时的情况下，大宦官的权势已经超过了皇帝，势必如此。

不管怎么样，韦澳的思路上还是对的，只不过具体到唐宣宗时，局势已经很严重，这么做已经不现实了。韩非子提出的，让下级监督，跟韦澳的思路实际是一样的。君主和基层官员构成联盟，是破除朋党的办法。

后来，清朝搞了军机处来对付朋党，收到很好的效果，用的就是这样的办法。任命一些品级低的官员做皇帝的秘书（军机处），他们因此拥有较大权力，但是因为其出身根基有限，官位品级不高，只是秘书而没有直接的行政大权，所以不会积累成朋党。皇帝和这些军机处的人捆绑一起，就可以对行政系统长官，构成制衡。而直接授权给行政系统长官，就容易形成朋党。这也是决策权和执行权的分离。

明朝虽然也设了这样的秘书处，也是内阁大学士们，但是给他们定的品级很高，实际上他们成了官员领袖，与宰相没有实质区别，朋党也就因此形成。而清朝的军机处的人员，并不是官员的长官，只能依附皇帝。爷爷拉拢孙儿来制约爸爸，是君主弹压权臣的主要办法。

2 信号策略：轻罪重罚和必罚

[原文]

爱多者则法不立，威寡者则下侵上。是以刑罚不必则禁令不行。

董阏于为赵上地守，行石邑山中，涧深，峭如墙，深百仞，因问其旁乡左右曰："人尝有入此者乎？"对曰："无有。"曰："婴兒、痴聋、狂悖之人尝有入此者乎？"对曰："无有。""牛马犬彘尝有入此者乎？"对曰："无有。"董阏于喟然太息曰："吾能治矣。使吾治之无赦，犹入涧之必死也，则人莫之敢犯也，何为不治？"

子产相郑，病将死，谓游吉曰："我死后，子必用郑，必以严莅人。夫火形严，故人鲜灼；水形懦，人多溺。子必严子之形，无令溺子之懦。"子产死。游吉不肯严形，郑少年相率为盗，处于雚泽，将遂以为郑祸。游吉率车骑与战，一日一夜，仅能克之。游吉喟然叹曰：“吾蚤行夫子之教，必不悔至于此矣。”

殷之法，刑弃灰于街者。子贡以为重，问之仲尼。仲尼曰：“知治之道也。夫弃灰于街必掩人，掩人，人必怒，怒则斗，斗必三族相残也，此残三族之道也，虽刑之可也。且夫重罚者，人之所恶也；而无弃灰，人之所易也。使人行之所易，而无离所恶，此治之道。”

一曰：殷之法，弃灰于公道者断其手。子贡曰：“弃灰之罪轻，断手之罚重，古人何太毅也？”曰：“无弃灰，所易也；断手，所恶也。行所易，不关所恶，古人以为易，故行之。”

中山之相乐池以车百乘使赵，选其客之有智能者以为将行，中道而乱。乐池曰：“吾以公为有智，而使公为将行，今中道而乱，何也？”客因辞而去，曰：“公不知治。有威足以服之人，而利足以劝之，故能治之。今臣，君之少客也。夫从少正长，从贱治贵，而不得操其利害之柄以制之，此所以乱也。尝试使臣：彼之善者我能以为卿相，彼不善者我得以斩其首，何故而不治！”

公孙鞅之法也重轻罪。重罪者，人之所难犯也；而小过者，人之所易去也。使人去其所易，无离其所难，此治之道。夫小过不生，大罪不至，是人无罪而乱不生也。

一曰：公孙鞅曰：“行刑重其轻者，轻者不至，重者不来，是谓以刑去刑也。”

荆南之地，丽水之中生金，人多窃采金。采金之禁：得而辄辜磔于市。甚众，壅离其水也，而人窃金不止。大罪莫重辜磔于市，犹不止者，不必得也。故今有于此，曰：“予汝天下而杀汝身。”庸人不为也。夫有天下，大利也，犹不为者，知必死。故不必得也，则虽辜磔，窃金不止；知必死，则有天下不为也。

[作者智解]

一个人的爱太多，法就没法执行。威严不够，下面的人就侵害上面的。所以，刑罚一定要说了算数，如果说了又不严格执行，那各种禁令就推行不下去了。

（所谓必罚，就是对于犯错和违法，要百分百地给惩罚，否则人就有侥幸心理，觉得犯了事，哀求一下就不惩罚了。信赏必罚，就是该给的赏赐必须给，要有诚信，罚则百分之百不可侥幸。按这个原则，搞赦免，也就是该罚却饶了他，就不是必罚了。）

董安于给赵国上地郡做郡守，经过山中，看见深涧，于是问住在这里的人：“有进到这山涧的人吗？”回答：“没有。”又问：“有牛马猪狗下去的吗？”回答也没有。董安于喟然长叹：“我知道到岗后怎么治理了。我定下的规矩不搞赦免，犹如掉到山涧必死，这样谁也不敢违犯法了，这样怎会不大治？”

（如果有掉到山涧里还不死的可能，人们就敢于侥幸下去试试了。违法了一定要死，人们就不敢违法，不敢下山涧了，一个下去的都没有，反倒保护了人的安全。所谓必罚。）

子产做郑国的相国，病得要死了，对游吉说：“我死后，你就接班，你一定要用严的办法管人。火的样子很严酷，所以人们很少有被烧伤的。水的样子很温弱，可是人们很多淹死在水里。你一定要做出严的样子，不能因为温和，导致很多人淹死。”子产死后，游吉却不肯严苛管理，导致郑国的少年们都拉帮当了强盗，聚在水泽，成为大祸。游吉带兵去剿杀，打了一昼夜勉强攻克。游吉喟然叹曰：“我早听子产的话，必不至于现在后悔。”（还是那个意思，法要严，犯法必杀，犹如掉到山涧必死，这样人们就不敢犯法，也不至于受惩罚，反倒安全了。而宽仁，弄死的人更多。）

商朝的法令说，把炉灰弃到街上的，要受刑。子贡觉得这法令太重，就问孔子。孔子说："这个办法对。把炉灰弃到大街上，一定会惹到旁的人，惹了，人就会怒，怒就会斗，几家就互相仇杀起来了。既然会引发仇杀，那这个弃炉灰的人是该处刑。遭受重罚，这是人都怕的，而不弃炉灰，这是人容易做到的。使人做容易做到的事，而免受他所怕的处罚，这是正确的治理之道啊。"（孔子应该不会有这些言论，是法家借此编的。法家强调轻罪重罚和必罚，认为这样人们连轻罪都不敢犯了，从而保护了人们。）

另一个说法是，商朝的法令，把炉灰弃在公道上的，要砍断他的手。子贡说："弃炉灰是轻罪，断手是重罚，古人也太狠了吧？"孔子说："不要弃炉灰，这是容易做到的，断手，是人所厌恶的。做容易做到的事，免去所厌恶的，古人觉得这是容易，所以这么搞。"（轻罪重罚的理论就在这里了。新加坡是执行轻罪重罚的，吐痰就鞭刑，效果是很好的。但学者一般认为重罚作为社会的政策，一旦撤销后，情况就会反弹。）

中山国的相国乐池，带着一百乘出国，叫自己的一个门客负责队伍秩序，结果半道车队还是乱了。乐池批评这个人。这人说："你不懂管理啊。有威才能叫人服，能给出好处才能劝人行动，这样才能管理。我是您的门客，又年轻，叫年轻的管岁数大的，叫贱的管贵的，还不得操利害之柄（赏罚）来制他们，所以就乱了。如果当初给我权力，听我话的就可以升为卿相，不听我话的砍掉脑袋，怎么还会乱呢？"（操利害之柄，就是有利和害的权力，即手上握有赏罚的权力。）

商鞅的法是重轻罪（也就是轻罪重罚）。重罚，是人所不敢也不愿意触犯的，而小的过错（轻罪），是人容易去掉和避免的。叫人去掉他容易去掉的东西，从而不会遇到令他犯难的惩罚，这是治理之道。这样，小的过错不发生，大的罪也就更不会有，这样人就都无罪，也不生乱子了。

商鞅说："轻罪重罚，这样轻的罪不犯，重的罚也就不来，是谓以刑去刑——通过刑罚来去掉刑罚。"

楚国南部的丽水中有金子，人们都去偷着采。法令是：抓到了就在农贸市场万仞分尸。这样被杀的很多，尸体把河水都给阻断了，可是偷金子的还是不止。最大的惩罚莫过于死，但还是禁止不了，是因为不一定能抓到（“不必得”，不是百分百能抓捕到）。如果有这么一个人，告诉他：“给你天下，但是杀了你。”他一定不干。所以，不一定能抓到，那就是有死刑，偷金子的还是不止。如果知道是一定死，那就是给他天下（岂止金子），他也不会干了。

延伸论据：轻罪重罚可以作为博弈策略而成立

轻罪重罚，就是重刑主义。虽然法家学者都主张重刑主义，但当今的法律界没有以重刑主义为主流。当代法学对它的质疑主要是：法律的存在，最高的目标不是使人们惧怕法律，而是信仰法律。人们主动地信仰和拥抱法律，把法和生活有机地结合起来，认为法律是保护自己的工具，在生活中时时以这是合法还是非法的来指导自己，乃至变成自己的是非观，那么法就已经很成功了。

而重刑主义使得人们只是畏惧法律，以至于内心排斥它。如果是畏惧和排斥，那么法律的权威就是强加于人的，而不是被主动接受和认同。这种情况下，法律的权威还是受损了。人们在日常生活中，骨子里还是不接受这些法的，只是外力迫不得已而已。

也有学者认为，人们所担心的和关注的，不是轻罪重罚，而是轻罪没有得到处罚，法律成为具文和空纸。能做到有罪必罚，法律的权威性就已经具备了，已经很不错了。如果法律在执行时，因为各种力量作用，一些人的轻罪都能逃过处罚，那么，即使有一些案例做到了轻罪重罚，也不能建立起法的权威。所以，轻罪重罚中，实际可取的只是有罪必罚的这一部分观念。

重刑主义，或者说轻罪重罚，除在法律领域，在博弈方面则可以作为有效策略，即信号策略。它实际上是释放一种信号。博弈的一方，要想让别人按照自己的想法行动，就必须了解自己与对方之间存在怎样的“信息差”（博弈论称之为非对称信息）。

一方采取某种行动或者发出某种信号（可以是假的），对方基于此来设定应对策略，这样的博弈就是信号博弈。把自己打扮为“强硬者”，就是信号博弈的一种选择。无疑，君主的轻罪重罚就是一种信号策略，即“我是不好惹的”，确实可以遏制对方的背约企图。

［原文（续）］

鲁人烧积泽。天北风，火南倚，恐烧国。哀公惧，自将众趣救火。左右无人，尽逐兽而火不救，乃召问仲尼。仲尼曰：“夫逐兽者乐而无罚，救火者苦而无赏，此火之所以无救也。”哀公曰：“善。”仲尼曰：“事急，不及以赏。救火者尽赏之，则国不足以赏于人。请徒行罚。”哀公曰：“善。”于是仲尼乃下令曰：“不救火者，比降北之罪；逐兽者，比入禁之罪。”令下未遍而火已救矣。

成欢谓齐王曰：“王太仁，太不忍人。”王曰：“太仁，太不忍人，非善名邪？”对曰：“此人臣之善也，非人主之所行也。夫人臣必仁而后可与谋，不忍人而后可近也；不仁则不可与谋，忍人则不可近也。”王曰：“然则寡人安所太仁？安不忍人？”对曰：“王太仁于薛公，而太不忍于诸田。太仁薛公，则大臣无重；太不忍诸田，则父兄犯法。大臣无重，则兵弱于外；父兄犯法，则政乱于内。兵弱于外，政乱于内，此亡国之本也。”

魏惠王谓卜皮曰：“子闻寡人之声闻亦何如焉？”对曰：“臣闻王之慈惠也。”王欣然喜曰：“然则功且安至？”对曰：“王之功至于亡。”王曰：“慈惠，行善也。行之而亡，何也？”卜皮对曰：“夫慈者不忍，而惠者好与也。

不忍则不诛有过，好予则不待有功而赏。有过不罪，无功受赏，虽亡，不亦可乎？”

齐国好厚葬，布帛尽于衣衾，材木尽于棺椁。桓公患之，以告管仲曰：“布帛尽则无以为蔽，材木尽则无以为守备，而人厚葬之不休，禁之奈何？”管仲对曰：“凡人之有为也，非名之，则利之也。”于是乃下令曰：“棺椁过度者戮其尸，罪夫当丧者。”夫戮死，无名；罪当丧者，无利：人何故为之也？

卫嗣君之时，有胥靡逃之魏，因为襄王之后治病。卫嗣君闻之，使人请以五十金买之，五反而魏王不予，乃以左氏易之。群臣左右谏曰：“夫以一都买胥靡，可乎？”王曰：“非子之所知也。夫治无小而乱无大。法不立而诛不必，虽有十左氏无益也；法立而诛必，虽失十左氏无害也。”魏王闻之曰：“主欲治而不听之，不祥。”因载而往，徒献之。

［作者智解］

鲁国人烧沼泽，结果天刮北风，火朝南去，就要烧到城了。鲁哀公害怕了，亲自带着人去救火，结果谁也不帮他，大伙都趁机去抓野兽（沼泽里的野兽都出来了）。于是问孔子怎么办。孔子说：“那些追野兽的人高兴，还没有惩罚，救火的人辛苦，还无赏赐，所以没人救火啊。”鲁哀公说：“好。”孔子接着说：“事情紧急，来不及用赏。而且，救火的人都赏，国库都不够赏的，建议只用罚。”孔子下令：“不救火的就按打仗投降的罪来办，抢野兽的就按偷入禁苑来办。”没等命令传遍，火就救好了。

（这里不再谈轻罪重罚，而是认为罚比赏管用，至少在紧急情况下。强调罚比赏管用，是因为人们有损失厌恶心理。损失一百块钱，和挣到一百块钱，本来对一个人来说价值是相同的，但人们通常认为损失一百元的价值更大，因为人通常对已经拥有的东西估价偏高。）

成驩对齐王说："大王您太仁，太不忍心。"齐王说："这是好话啊，是美名啊。"成驩说："这对人臣来说是好的，但君主不应该这样。人臣一定要仁，然后才能跟他共事，但君主不应该这样。"齐王说："我什么时候太仁、太不忍心了？"成驩说："您对孟尝君太仁，对亲戚们太不忍心。您对孟尝君太仁（给他权力），则其他大臣们就没有威重了。大臣们没有威重，则对外打仗的军队就弱了。您对亲戚们太不忍心（不忍治罪），那么父兄们就敢于犯法，那么政事就乱了。这是亡国之本啊。"

（儒家认为你对亲戚大臣仁，亲戚大臣就对小臣们仁，小臣就对民众仁，于是天下太平，但这只是理论上的理想主义。对豪强地主们仁，豪强地主对长工还是一样半夜鸡叫的。所以，韩非子这里是强调刑罚，反对仁义。）

魏惠王问卜皮："外面传说我的名声是怎样的？"卜皮回答："都说大慈惠。"魏惠王乐了，又问："那我的功业会怎样？"卜皮说："功业嘛，那就是亡国了。"魏惠王急了："慈惠，那是行善啊，怎么会亡国呢？"卜皮说："慈者，就不忍，而惠者喜欢施舍别人。不忍就不诛杀那些有错的人，好施予就不等那人有功就给赏赐。有罪不罚，无功受赏，那亡国，不是很正常吗？"

齐国人喜欢厚葬，衣服布料木材都浪费了。齐桓公很忧虑，问管仲："布帛木材都浪费了，大家还是厚葬不停，怎么办啊？"管仲说："凡人干什么事，不是为了名就是为了利。"于是下令："棺椁过度的，把遗体砍掉脑袋，办丧事的治罪。"遗体被砍掉脑袋就没了名，办丧事被治罪就没了利，人还何必这样干呢？

（按照西方管理学的期望理论，人做事的动力由做成事带来的回报的大小来决定，现在断掉这个回报，做事就没动力了。对于不好的行为，也可以按这种期望理论来杜绝，即断掉这个不好的行为可能带来的回报，人也就停止了这个不好的行为。）

卫嗣君的一个奴隶逃跑去了魏国，给魏国王后治病。卫嗣君听说了，就派人用五十斤金子买回来。去了五趟，魏国都不答应。于是说拿一个城邑去换，群臣劝阻说："为了一个奴隶花一个城邑去买，值得吗？"卫嗣君说："你不懂，治理不分大小。如果法不立而诛不必（百分之百兑现和来到），那就是这些城邑国家也好不了。如果能法立而诛必，就是丢掉十个这样的城市，也不影响我们的国家。"魏王听说了，就说："卫君想好好治理国家，而我不配合，那不祥。"主动把那奴隶送回来了。

（即便是个小事，但是饶赦了不杀，也影响了法，使得必罚没能做到，没做到有罪必然百分之百受罚，那样就使得人们有侥幸心理，觉得犯错也未必受罚。虽然是小事，但影响很大。如果定的法没有执行，就叫法不立。法不立，失去了信誉度，就无效了。

卫嗣君捉奴隶的这个故事，谈的不是轻罪重罚，而是必罚，即法律的稳定性。这一点是当代认同的。对于博弈来讲，也是成立的。比如对方搞大甩卖，我作为"强硬者"的信号策略，就必须在他每次大甩卖时也降价甩卖，进行反制，从而遏制他再有类似冲动。如果有时我不反应，那策略就失效了。

信号策略的价值将随着博弈重复的次数而不断提升。一家大企业会对新入企业进行打压。在整个过程中，一家大企业伪装成"强硬者"，如果每次都阻止新企业加入所在行业的竞争，那么其信号策略的效果和收益，会随着博弈次数的增加呈正比提升。也就是说，使新的资本不敢再进入这个行业的震慑效果会增强。反之，如果有几次对新入企业没有打压，则被理解为"软弱者"，强硬者的信号策略的效果被削弱。）

3 怎么用对奖赏

[原文]

赏誉薄而谩者下不用也，赏誉厚而信者下轻死。

越王问于大夫文种曰："吾欲伐吴，可乎？"对曰："可矣。吾赏厚而信，罚严而必。君欲知之，何不试焚宫室？"于是遂焚宫室，人莫救之。乃下令曰："人之救火者死，比死敌之赏；救火而不死者，比胜敌之赏；不救火者，比降北之罪。"人之涂其体被濡衣而走火者，左三千人，右三千人。此知必胜之势也。

吴起为魏武侯西河之守。秦有小亭临境，吴起欲攻之。不去，则甚害田者；去之，则不足以征甲兵。于是乃倚一车辕于北门之外而令之曰："有能徙此南门之外者，赐之上田、上宅。"人莫之徙也。及有徙之者，还赐之如令。俄又置一石赤菽东门之外而令之曰："有能徙此于西门之外者，赐之如初。"人争徙之。乃下令曰："明日且攻亭，有能先登者，仕之国大夫，赐之上田宅。"人争趋之，于是攻亭，一朝而拔之。

李悝为魏文侯上地之守，而欲人之善射也，乃下令曰："人之有狐疑之讼者，令之射的，中之者胜，不中者负。"令下而人皆疾习射，日夜不休。及与秦人战，大败之，以人之善战射也。

宋崇门之巷人服丧而毁甚瘠，上以为慈爱于亲，举以为官师。明年，人之所以毁死者岁十余人。子之服亲丧者，为爱之也，而尚可以赏劝也，况君上之于民乎？

越王虑伐吴，欲人之轻死也，出见怒蛙，乃为之式。从者曰："奚敬于此？"王曰："为其有气故也。"明年之请以头献王者岁十余人。由此观之，誉之足以杀人矣。

一曰：越王勾践见怒蛙而式之。御者曰："何为式？"王曰："蛙有气如此，可无为式乎？"士人闻之曰："蛙有气，王犹为式，况士人有勇者乎！"是岁，人有自到死以其头献者。

韩昭侯使人藏弊裤，侍者曰："君亦不仁矣，弊裤不以赐左右而藏之。"昭侯曰："非子之所知也。吾闻明主之爱一嚬一笑，嚬有为嚬，而笑有为笑。今夫裤，岂特嚬笑哉！裤之与嚬笑相去远矣。吾必待有功者，故收藏之未有予也。"

[作者智解]

赏赐如果薄，或者说了不算，那么下级就不为之效力了；赏赐厚而且说了一定给，那么下级就愿意效死。

（所谓"信赏"，就是说好的赏赐一定算数。信赏必罚，就是约定好了什么情况下要赏，就要百分之百兑现；说干了什么坏事就罚，也要百分之百兑现。）

齐王问文子怎么治国。文子说："赏罚就是国家的利器。国君牢牢地握着他，不可以借给别人用。至于臣子，就像兽鹿，哪儿有草就去哪儿。"（这说的就是有奶就是娘的意思，用赏赐这种物质手段，调动臣子和下属朝着期望的方向走。）

越王勾践问大夫文种："我想讨伐吴国，可以吗？"文种说："可以。您赏厚而信，罚严而必。如果不放心，可以试着把王宫烧了。"结果把宫室烧了，却没人来救。于是下令："救火而死的，按战死给赏赐；救火没死的，按杀敌给赏赐；不救火的，按投降处罚。"人们都把身上涂上泥，披着湿衣服去救火，有六千人。越王因此知道打仗一定能胜。

吴起在魏国当西河郡郡守。旁边有个秦国的小亭，吴起打算攻下来，但是为这个征兵，又不值得。于是就在城门口下令："谁能把这个车辕搬到南门口的，就赐给上等田地和房子。”人们谁也不去搬。终于有一个人去搬了，就兑现了赏赐给他。不久又把一个石头物件放在东门外，下令：“谁能把它搬到西门的，照旧赏赐。”于是，人们都争着去搬。又下令：“明天要攻小亭，有能先登上去的，升为大夫，赐给上等田宅。”于是人们争相去攻，一个早上就拔取了。

李悝做上地郡太守，希望民众都善于射箭。他下令：“打官司决定不了的时候，比赛射箭，射中的就胜，射不中的就输。”于是人们都练习射箭。等到跟秦国人打仗的时候，因为善射，取得胜利。

宋国有个人，给死去的父亲守丧，特别哀伤，整天哭，弄得自己都特别瘦。国君觉得这人孝顺，就封他当了个官。次年，人们为了守丧而悲伤过度死了的，有十几个。赏赐的效果这么大，由此可见。（这是赏赐带来的示范效应啊，别人为了受赏，都跟着学。）

越王勾践准备去伐吴，希望人们都愿意效死。他出门看见一只愤怒的青蛙，瞪着眼睛瞅着自己，就说：“这小家伙真勇敢啊。”于是站在车上，给青蛙行李。国人为了效仿，割掉脑袋献给勾践的就有十几个。这样看来，赞誉足可以让人愿意牺牲啊。

还有一种说法，越王勾践出门看见一只怒蛙，就站在车上向它行礼。驾驶员问：“为什么给它行礼啊？”勾践说：“青蛙都有这么大的勇气，我能不向它致敬吗？”士人们听说了，就说：“青蛙有勇气，大王就为它行礼，何况人有勇的呢。”当年就有人自刎而死，把头献给勾践。所以越王勾践领着这些勇敢的士卒，打败了吴王夫差。

韩昭侯有一条旧裤子，叫侍者把他收藏到箱子里。侍者说：“国君您也太不仁了，有条破裤子都舍不得赏给我们。”韩昭侯说：“你不懂。我这个白给你，对你没有激励，等着谁立了功，我再把裤子奖励给谁。现在我收藏起来就是等着奖励。”

4 怎么听下属汇报工作

[原文]

一听则愚智不纷，责下则人臣不参。

齐宣王使人吹竽，必三百人。南国处士请为王吹竽，宣王说之，廪食以数百人。宣王死，湣王立，好一一听之，处士逃。一曰：韩昭侯曰："吹竽者众，吾无以知其善者。"田严对曰："一一而听之。"

赵令人因申子于韩请兵，将以攻魏。申子欲言之君，而恐君之疑己外市也，不则恐恶于赵，乃令赵绍、韩沓尝试君之动貌而后言之。内则知昭侯之意，外则有得赵之功。

三国兵至韩，秦王谓楼缓曰："三国之兵深矣！寡人欲割河东而讲，何如？"对曰："夫割河东，大费也；免国于患，大功也。此父兄之任也，王何不召公子汜而问焉？"王召公子汜而告之，对曰："讲亦悔，不讲亦悔。王今割河东而讲，三国归，王必曰：'三国固且去矣，吾特以三城送之。'不讲，三国也入韩，则国必大举矣，王必大悔。王曰：'不献三城也。'臣故曰：王讲亦悔，不讲亦悔。"王曰："为我悔也，宁亡三城而悔，无危乃悔。寡人断讲矣。"

[作者智解]

一一听取下级汇报，这样谁是傻的、谁是智的，就看出来了。对下属进行督查，才能避免下属像南郭先生那样滥竽充数。

齐宣王每次叫人吹竽，一定得有三百个人。南郭先生也夹在其中，滥竽充数，跟着好几百人领着工资。但是齐宣王很高兴，啥也看不出来。后来，齐宣王死了，儿子齐湣王继位，他喜欢一个一个地听下面人吹竽，于是南郭先生就跑了，因为他不会吹竽。（这是讲考核要一对一，明确被考核主体，从而明确责任。）

赵国想通过韩国相国申不害向韩国请兵，用于进攻魏国。申不害打算跟国君提这个事，又怕国君觉得自己是为外国人谋好处，但是不去申请的话，又怕赵王恨他。于是他派赵绍、韩沓私下去试着问韩国君对于出兵的意向，是愿意还是不愿意，然后再出面亲自去提。这样，对内知道了韩国君这位领导的意思，对外可以获得赵国对他的感谢，令赵国记着他的人情。（直接跟领导提，怕惹领导怀疑或生气，先暗中探探领导的口风再说。）

齐、韩、魏三国进行合纵攻秦。秦昭王说："三国兵已经入境很深了，我打算割让河东的地方，来用于讲和，你觉得怎么样？"公子汜回答说："您讲和也会后悔，不讲和也会后悔。您把河东割给他们，三国因此撤兵回去了，您一定说：'这三国本来就要回去了，我还把三座城送给了他们，白浪费了土地，太后悔了。'如果不讲和，您就得大举发兵去打，代价也很大，您一定会说：'都是因为我没献出那三城。'所以我说，讲和也后悔，不讲也后悔。"秦昭王说："同样都是后悔，宁可是后悔送了三个城，也不要后悔国家危亡，我决定还是讲和吧。"（秦昭王选择不要冒险。）

5 如何运用监督的技巧

[原文]

数见久待而不任，奸则鹿散。使人问他则并鬻私。是以庞敬还公大夫，而戴让诏视辒车。

庞敬，县令也。遣市者行，而召公大夫而还之。立有间，无以诏之，卒遣行。市者以为令与公大夫有言，不相信，以至无奸。

戴欢，宋太宰，夜使人曰："吾闻数夜有乘辒车至李史门者，谨为我伺之。"使人报曰："不见辒车，见有奉笥而与李史语者，有间，李史受笥。"

周主亡玉簪，令吏求之，三日不能得也。周主令人求而得之家人之屋间。周主曰："吾之吏之不事事也。求簪，三日不得之，吾令人求之，不移日而得之。"于是吏皆耸惧，以为君神明也。

商太宰使少庶子之市，顾反而问之曰："何见于市？"对曰："无见也。"太宰曰："虽然，何见也？"对曰："市南门之外甚众牛车，仅可以行耳。"太宰因诫使者："无敢告人吾所问于女。"因召市吏而诮之曰："市门之外何多牛矢？"市吏甚怪太宰知之疾也，乃悚惧其所也。

[作者智解]

经常把某个下属叫到自己身边，但是也不说什么，这人再出去，跟他一起的人就不敢为奸了，下面庞敬的故事就说明了这一点。派人出去办事的时候，问一些其他编造的东西，这样下属就不敢谋私欺骗了，下面戴欢的故事说明了这一点。

庞敬是个县令，他派农贸市场的负责人和一个公大夫一起出去办事（去检查市场）。俩人出发以后，他又把公大夫喊了回来。对方回来以后，他也没说什么，就是让对方在下面站了会儿，然后就让他继续去了。农贸市场的负责人觉得县令跟这公大夫之间私下嘱咐了些什么，不敢相信对方了，最终没有奸事发生（俩人没有互相串通一气骗公家。因为农贸市场的官不相信公大夫，怀疑他跟县令有密切关系，是县令的耳目）。

（这是离间了两个下级，让他们互为密探，避免他们串通。下级不和，君主就安全。不过这么做，也会使农贸市场的官感觉县令不信任他，他的积极性会下降。术可以防奸，使人不敢为非，但不足以激励。）

宋国的太宰戴欢，夜里派人出去，说："我听说好几个夜里，有人乘坐辒车到李史家门口，你过去给我侦查下。”这人去看了，回来汇报说：“我没看见辒车，只是看见有人带着礼物，跟李史说话，最后，李史把礼物接下了。”（等于是受贿。）

（其实，戴欢并不曾了解到什么。这也是术，相当于编造了一个不存在的耳目在监督这个使者，给下属感觉领导知道很多东西，知道所有猫腻，已经做了功课，于是不敢敷衍。其实领导并没有提前做功课，也啥都不了解。）

周国公丢了自己的玉簪，派官吏去找，三天也没有找到。周国公就派自己的私人去找，结果在一个人家的屋子里找到了。周国公说：“我的官吏们都不干事，找了三天簪子都找不到，我叫身边人去找，一会儿工夫就找到了。”于是官吏们都很紧张恐惧，觉得国君像神明一样。（其实，他是故意把簪子放在那里，叫身边的人找来，这样就吓唬了官吏。官吏们觉得领导办事能力特强，明察秋毫，于是不敢为非或者懈怠。）

宋国的太宰派少庶子去农贸市场，后者回来后，太宰问：“都看见什么了？”少庶子（算是他私人的家臣）说：“也没什么特别的。”太宰说：“没有你也说说。”对方就说：“就是市场南门外有很多牛车，正往里边开呢。”太宰让他不许说出去，叫来农贸市场官吏责备说：“你们市场门外怎么那么多牛屎？太不干净了！”市场官吏很惊讶，奇怪于太宰知道得这么快，于是对职责战战兢兢，不敢不尽心敬业。

（先了解到一些情况，去督责下属，使下属觉得领导掌握各种细节，于是只得处处小心细致地工作，不敢敷衍。

术和法不同，法是明确和公正公开的，术是隐秘地督查下属，通过显示自己掌握一些个别情况，使得下属觉得领导明察秋毫，于是不敢为非和懈怠。领导隐秘着，不露声色，通过一些设计，使下属觉得领导听到了一切，看到了一切，了解了一切。其实领导只了解一点，甚至这一点还是编的，但是一诈，下属就觉得领导了解一切，于是不敢隐瞒和怠慢。但是，上级不可能什么都知道，办法就是通过一些技巧，在某件事上借助耳目，使得自己知道很多。等到了其他的事情上，下级也认为上级知道很多，于是不敢为非。这就是信号博弈。）

6 混合策略提高博弈胜率

［原文］

挟智而问，则不智者智；深智一物，众隐皆变。

韩昭侯握爪，而佯亡一爪，求之甚急，左右因割其爪而效之。昭侯以此察左右之诚不。

韩昭侯使骑于县。使者报，昭侯问曰："何见也？"对曰："无所见也。"昭侯曰："虽然，何见？"曰："南门之外，有黄犊食苗道左者。"昭侯谓使者："毋敢泄吾所问于女。"乃下令曰："当苗时，禁牛马入人田中固有令，而吏不以为事，牛马甚多入人田中。亟举其数上之；不得，将重其罪。"于是三乡举而上之。昭侯曰："未尽也。"复往审之，乃得南门之外黄犊。吏以昭侯为明察，皆悚惧其所而不敢为非。

［作者智解］

掌握了自己深知的一个真实情况而去督问下属，那么不合情况的事情就败露了。在一件事情上做到了这一点，那么其他事情上下属就不敢隐瞒了。

韩昭侯握住自己的指甲，假装掉了一个指甲，叫左右人赶紧出去找。有的侍臣就偷着割掉自己的指甲，献给韩昭侯，说找到了。韩昭侯以此来察知下面人谁是诚信的，谁不诚实。

（这是信息不对称博弈中的混成策略。在博弈中，如果你有两种策略，各自都有一定的胜率，那么把这两种策略随机地混合使用，则胜率有可能提高。比如说，在扑点球时，实际上等对方起脚再决定扑的方向是来不及的。守门员向左扑球是一种策略，向右扑球也是一种策略，二者按 50 对 50 或者 60 对 40 的概率随机选用，就是混合策略。）

韩昭侯派人骑着马到外县去巡看，回来后，韩昭侯问他看到了什么，他说也没有什么特别的。韩昭侯说："虽然这样，你还是说说。"使者说："就是县南门外，有一只黄牛犊在吃路边的青苗。"韩昭侯嘱咐他不许泄露，下令："我早就下令了，播种季节，禁止牛马跑田里边损害青苗，可是官吏们不当回事，很多牛马都进入田中。赶紧都自查一下报上来，遗漏的，将重罚。"各乡都报上来了。韩昭侯说："不全，还有缺的呢，南门外就有。"于是去南门外看，果然看见南门外有黄牛犊正在田里吃苗呢。官吏们都觉得韩昭侯是明察，都恐惧不敢为非。（这和上一个找指甲的案例，实质是一样的。）

延伸论据：赵高的混合策略完败李斯

韩昭侯掉指甲的案例，可以称为信号博弈。通过这么搞，树立了领导无所不知的形象，发出了这样一个信号，促使下属不敢尝试弄奸欺骗。

除了作为信号策略，我们继续结合这个案例，再说一下混合策略。当韩昭侯说自己指甲丢了的时候，这个信息对下属是不对称的。他有可能说真话，也有可能是诈，在说假话。如果是诈，最后下属被惩罚了，但也让下属知道，这是诈。

韩昭侯可以每次随机使用真和假的两个策略，比如真和诈按 70∶30 的概率操作。那么几次下来之后，韩昭侯再对下属 A 提什么要求，下属 A 根据以往经验，知道这有 30% 概率是在诈我，但这也足以使下属 A 不敢为非，因为那至少有 30% 被识破的概率。

在信息不对等时，两种策略随机使用，使得下属不敢背叛，这就是博弈的混合策略。

为了说明这一点，我们再举一个赵高使用混合策略的例子。

赵高诬陷李斯谋反，提审李斯，反复对李斯用刑。由于熬不住拷打，李斯只好自诬承认自己谋反了。

但是，像李斯这样级别的高官，秦二世会派人复审的。李斯也知道这一点，他把命运寄托在秦二世亲自派人复审的时候翻案。

赵高也明白这一点，派自己的门客分成前后十几组，伪装成秦二世派来的御史、礼官、侍中一班人，来提审李斯。

“你是李斯吗？谋反事实俱在，你服法吗？”

“不服法。”李斯说，“都是屈打成招的，你看我这身上还有好肉吗？”

假御史走后，赵高作为主审法官，再把李斯榜掠一通，然后告诉李斯，刚才那些御史，是我们假扮来试探你的，看来你还不服，我打死你这老狐狸。

如是者十几回。最终，秦二世派的真御史来了，李斯以为这又是赵高派人假扮的，为了不再挨打，就口称服法，不再喊冤了。

真御史把情况报告给秦二世。秦二世欢喜地说：“多亏了赵高，原来李斯真要谋反啊。”于是处斩李斯。

赵高这里用的就是混合策略，他把十几拨假御史和真御史交相派出，就类似于韩昭侯的假找指甲和真的有事交相运用，随机使用。到了最后一次，博弈一方知道对方这次有一定概率是诈（视赵高、韩昭侯用诈的概率），但自己也只能当作真处理。就像女生某次说“不”，你知道她说“不”有 40% 是假的，但也只能继续追她。这就是混合策略。

混合策略的随机性未必是 50 对 50，可以是 70 对 30 等各种组合。

一方使用混合策略时，博弈的另一方也可以用混合策略来应对。比如说，李斯发现派来的御史有 60% 是真的，40% 是假的。那么，下次御史来的时候，他可以随机选择，60% 的概率喊冤，40% 的概率伏法。比如又来了五次，他就任意三次喊冤，两次不喊冤。作为韩昭侯的下属，在又接到新任务时，真心执行和欺瞒地执行，也可以选择概率去做。

这个时候，上下级之间就形成了一个均衡，即纳什均衡。混合策略不能实现全赢，但它可以让对手觉得他们的任何策略对你的下一步都没有影响。它的要点是，运用偶然性和随机性，防止别人利用你的有规则行为占你的便宜。

在谈恋爱中也有这样的情况。女孩子通常对于男孩子的追求反应含糊，也是混合策略，可以大大提高胜率。如果女孩子说她爱男孩子，男孩子就认为已经搞定，就不会继续狠追女孩子了，女孩子就会失去更长时间考验他的机会和愉悦。如果女孩子说她不爱男孩子，男孩子就会放弃，女孩子就失去继续考察男孩子的机会。所以，女孩子总是对于男孩子的追求若即若离，她的回复往往似是而非，口是心非。比如，她在多次回复时，有 40% 的次数说“不好”，有 60% 的次数说“可以”，促使男生只得继续尝试和展现自己。

［原文（续）］

周主下令索曲杖，吏求之数日不能得。周主私使人求之，不移日而得之。乃谓吏曰：“吾知吏不事事也。曲杖甚易也，而吏不能得，我令人求之，不移日而得之，岂可谓忠哉！”吏乃皆悚惧其所，以君为神明。

卜皮为县令，其御史污秽而有爱妾，卜皮乃使少庶子佯爱之，以知御史阴情。

西门豹为邺令，佯亡其车辖，令吏求之不能得，使人求之而得之家人屋间。

［作者智解］

周国公下令去找自己丢了的手杖，官吏们找了好几天也找不到。周国公派自己的人去找，一下子就找到了（其实他是告诉了那些人这手杖在哪儿）。于是他对官吏说："我就知道你们这些官吏都不干活。手杖很好找到，你们就是不去找。我派人找，一下就找到了。岂可说你们是忠。"官吏们都惶恐惧怕，认为国君是神明。

（这个案例，其实是信号博弈。周国公通过这一番操作，向下属释放了自己无所不知的信号。它的效果在下一次给下属布置任务时，即便下属知道他有一定概率会不了解情况，但也只能按一定概率真诚对待。曹操的某些术，也是这个策略。）

卜皮当县令，他下属的御史特别爱贪污，还有一个爱妾。卜皮就派了个帅哥去勾搭这爱妾，假装是爱她，从她那儿偷着了解到了御史贪污的各种隐情。

西门豹当邺县县令，假装丢了自己的车辖（车的刹车装置），派官吏去找，自然是找不到。派自己的私人去找，就在人家里找到了。

（这几个找东西的案例，都是信号博弈。在领导和下属的博弈中，信息都是不对称的，领导其实处于缺乏信息，容易被蒙蔽的一方。这里，官吏找不到，而他派私人能找到，这是设定自己无所不知的人设，通过这个案例来显示自己耳目众多，从而一举改变了信息不对称的状态，进而改变了领导在博弈中的被动局面。警察在审讯中，也常通过举某个细微之例，把自己打扮成无所不知，从而在博弈中占上风。）

7 信息操作策略

[原文]

倒言反事以尝所疑则奸情得。

阳山君相卫，闻王之疑己也，乃伪谤樛竖以知之。

淖齿闻齐王之恶己也，乃矫为秦使以知之。

齐人有欲为乱者，恐王知之，因诈逐所爱者，令走王知之。

子之相燕，坐而佯言曰："走出门者何，白马也？"左右皆言不见。有一人走追之，报曰："有。"子之以此知左右之不诚信。

有相与讼者，子产离之而无使得通辞，倒其言以告而知之。

卫嗣公使人为客过关市，关市苛难之，因事关市以金，关市乃舍之。嗣公为关市曰："某时有客过而所，与汝金，而汝因遣之。"关市乃大恐，而以嗣公为明察。

[作者智解]

故意说相反的话，来试探自己搞不准的东西，从而了解到对方的真实想法。

卫国的相国阳山君，听说大王已经怀疑他了，但是又拿不准，于是就假装诽谤国君的宠臣樛竖，从而查看君主对自己的态度。

（就是故意挑衅一下国君身边的人，从而判断国君是不是已经放弃他了，把他当作敌人了。博弈中的一方，不知对方是什么策略，于是假定对方是某种策略，以此为前提，向对方采取一定的行动，观察对方的反应，从而判断他是否持这种策略，这称为信息操作策略。一般来讲，因为对手会故意迷惑你，所以这个信息操作策略可以重复使用。通过重复使用，它的价值可以提高。以这个案例为例，阳山君把国君身边的人都诽谤个遍，一定可以知道国君对他的真实态度了。李斯指鹿为马，其实就是信息操作策略。女生说“我要跟你分开”，也是这种策略。某商家故意降价，以侦查主导企业是强硬者还是温和者，也是这样。

所谓“故意说反的话”，就是假定对方是某种策略的前提下，自己采取一定的行动。又比如三国时候孟达要造反，故意向上级司马懿请示，要求增加补充弓弩。这是假定对方的策略是已经怀疑他了，并且要讨伐他。只要对方不给，就可以印证这一策略猜测。司马懿则故意给他弓弩，于是孟达以为对方无此策略，遂不急于叛乱了，最终被司马懿急行军速斩。军事上的火力侦察，也是这种信息操作策略。）

淖齿侍奉齐王。他听说齐王开始厌恶他了，但是拿不准，于是派了个人，假装是秦国使者，来找齐王谈话，其间故意说淖齿的坏话，看国君的态度。齐王果然当场抱怨了半天淖齿。淖齿知道了，抢先发动政变，不等国君动手，先把国君杀了。（这也是派人假装说反话，刺探情况。也可以相反，故意说淖齿的好话，刺探齐王的反应。这依旧是信息操作策略，即我假定你是某种策略的前提下，对你采取一个行动，来检验。）

有个齐国的臣子要作乱，怕齐王知道，就假装把自己宠爱的一个人驱逐了，叫这个人逃奔到齐王那里，从而探求齐王的态度。这人跑去对齐王说，“某人要作乱”，以此来察知齐王的态度。

燕国的相国子之，一天都在堂上坐着，假装说：“好像有一匹白马，从门口跑过去了。”左右看了一下，都说没有。有一个出去追了一会儿，回来说：“有，是一匹白马。”子之以此判断身边的人谁诚信谁不诚信。（这个和假装丢掉指甲的韩昭侯是一样的，属于信号策略或混合策略。）

有两个人互相告状打官司，子产把俩人隔离审问，把其中一个人的话反过来对另一个人说，以此探知真情。

卫嗣君派人假装要出关。关吏为难他，这人就送给关吏金子，关吏就放过他了。卫嗣君叫来关吏说："什么什么时间，有个人过关，给了你金子，你就放他过去了。"关吏大恐，以为卫嗣君是明察。（这个则是博弈的信号策略，具体讲解见下。）

延伸论据：乾隆皇帝用信号策略检查臣子

君主把自己假扮成知道一切的人。君主只有一个，怎么监控下面那么多人，使下面人都守法呢？他用自己事先了解到的某个细节，告知下属，使得臣子觉得他知道一切，不敢隐瞒和蒙蔽。这就是信息操纵策略，简称信号策略。就像企业打造"我不可挑战"的信号一样，以吓退新的入场者。为此，企业不惜花巨资打广告，不是因为这广告的直接效益有那么大，只是把一种"我是老大"的信号释放出去。

乾隆皇帝也是爱挟智监察下属的。乾隆皇帝充分利用密折制度（就是臣子们可以秘密直接上表给他，讲别的臣子的事情），广布耳目，充分监察大臣们的一举一动。而且对同一个人，他往往命多人秘密考察，以免偏听偏信，这样就掌握了大量的真实情况。比如乾隆十一年，乾隆明令湖北巡抚开泰秘密考察湖广总督鄂弥达的官品操守。开泰回禀说，鄂氏年老体衰，不过还能正常办公。皇帝看后就批示说，鄂氏的问题不仅如此，你反映得并不全面，"非但如此，鄂弥达网查湖南省，令其子拜各属员，亦间有收受礼物者，操兵全不阅看"。通过这种方式，所有的高级官员时刻感觉自己处于四面同僚的监察之中，时时自危，居官自然如履薄冰，不得不小心谨慎。

乾隆皇帝的这种做法，就是向官员传递自己无所不知的信号，这是博弈中的信号策略，从而改变博弈双方信息不对称时自己的被动局面。

第二十一章
内储说下：六个失败的博弈策略

1 权力不可以借人

[原文]

六微：一曰权借在下。

权势不可以借人。上失其一，臣以为百。故臣得借则力多，力多则内外为用，内外为用则人主壅。

势重者，人主之渊也；臣者，势重之鱼也。鱼失于渊而不可复得也，人主失其势重于臣而不可复收也。古之人难正言，故托之于鱼。赏罚者，利器也，君操之以制臣，……故曰："国之利器，不可以示人。"靖郭君相齐，与故人久语，则故人富；怀左右刷，则左右重。久语、怀刷，小资也，犹以成富，况于吏势乎？

[作者智解]

六个导致君主（领导）失败的做法，第一个是把权力借给了下级。

权势是不可以借给别人的，上面失去一个，下面就得到一百。臣子借到了权力，势力就会增加，就可以勾结、联络其他人，最后一起壅塞蒙蔽君主。

势，是君主的深渊；臣，就好像鱼。鱼离开了深渊，你就捉不住它了；君主失去了势，就控制不了臣子了。赏罚，是国君拿来控制臣子的利器，所以说，“国之利器，不可以示人”。

齐国的相国靖郭君田婴很有权势。他跟老朋友在街上遇到，站在一起聊天，聊的时间有点久，那这人就会富起来。他把毛巾什么的送给左右的人，那些人就能出人头地。聊天、毛巾，都是给的小东西，尚且如此，如果把势给下面人，那下面人就更厉害了。

（这里是把田婴比喻为君主。田婴跟别人聊天，给别人小的东西，对方就可以凭着这个来炫耀，狐假虎威，从而到外面装老大，邀取好处。如果君主给他大的东西，比如赏罚的权力，那对方就更嚣张了。）

2 下级相结与拉拢外援

[原文]

二曰利异外借。

君臣之利异，故人臣莫忠，故臣利立而主利灭。是以奸臣者，召敌兵以内除，举外事以眩主，苟成其私利，不顾国患。

鲁孟孙、叔孙、季孙相戮力劫昭公，遂夺其国而擅其制。鲁三桓逼公，昭公攻季孙氏，而孟孙氏、叔孙氏相与谋曰：“救之乎？”叔孙氏之御者曰：“我，家臣也，安知公家？”“凡有季孙与无季孙于我孰利？”皆曰：“无季孙必无叔孙。”“然则救之。”于是撞西北隅而入。孟孙见叔孙之旗入，亦救之。三桓为一，昭公不胜。逐之，死于乾侯。

公叔相韩而有攻齐，公仲甚重于王，公叔恐王之相公仲也，使齐、韩约而攻魏。公叔因内齐军于郑。以劫其君，以固其位，而信两国之约。

翟璜，魏王之臣也，而善于韩。乃召韩兵令之攻魏，因请为魏王构之以自重也。

越王攻吴王，吴王谢而告服，越王欲许之。范蠡、大夫种曰：“不可。昔天以越与吴，吴不受，今天反夫差，亦天祸也。以吴予越，再拜受之，不可许也。”太宰嚭遗大夫种书曰：“狡兔尽则良犬烹，敌国灭则谋臣亡。大夫何不释吴而患越乎？”大夫种受书读之，太息而叹曰：“杀之，越与吴同命。”

大成牛从赵谓申不害于韩曰：“以韩重我于赵，请以赵重子于韩，是子有两韩，我有两赵。”

司马喜，中山君之臣也，而善于赵，尝以中山之谋微告赵王。

吕仓，魏王之臣也，而善于秦、荆。微讽秦、荆令之攻魏，因请行和以自重也。

宋石，魏将也；卫君，荆将也。两国构难，二子皆将。宋石遗卫君书曰：“二军相当，两旗相望，唯毋一战，战必不两存。此乃两主之事也，与子无有私怨，善者相避也。”

[作者智解]

君主失败的第二个做法，就是看不到君臣的利益是矛盾的。君臣的利益是矛盾的，臣子的利益增加了，君主的利益就要受到削弱。奸臣的做法就是招来外国的敌兵，来除掉本国中自己的对手；说自己能干成什么事来忽悠君主，从而使君主花钱，自己从中获得私利，不顾国君受到损失。（这虽然有点危言耸听，但领导和下属之间有时或有这种情况。）

鲁国的孟孙、叔孙、季孙三家卿，都位高权重，他们把鲁昭公架空，鲁国的事都是三家说了算。鲁昭公生气了，走投无路，干脆带着兵来进攻季孙氏，双方打在一起，不分胜负。旁边叔孙家就赶紧研究：“我们应该救季孙，还是不救呢？”其中有人说：“有季孙和没有季孙，哪个对咱们家有利呢？”大家都说：“如果没了季孙，咱们叔孙迟早也会被国君干掉。”于是说："那就应该去救季孙啊。"所以冲入季孙家来帮忙。孟孙看见叔孙过去帮忙了，也跟着去帮。于是三家一起，鲁昭公就被打败了，只好逃亡，后来死在晋国。

（孟孙、叔孙、季孙三家之间虽然也有矛盾，争风吃醋，但是从大局来讲，他们要一起压倒国君，才保证自家永远富贵，所以关键时刻，就互相帮助。这也体现了君臣的利益是不统一的，而臣子之间天生利益相同，能够走向联盟。）

韩国的相国是公叔，他跟齐国的关系好。而韩王又很喜欢公仲。公叔怕韩王用公仲取代自己，就派人出去联络齐国，叫齐国和韩国联合来打魏国。等齐军到了韩国后，公叔就叫齐军逼着韩王一起盟誓，巩固自己的地位，并且说齐韩必须交好。

（当时的大臣要想在国内地位稳，都要有个交好的外国做他的政治外援。这个故事用于说明韩非子刚刚说的，"奸臣的做法就是招来外国的敌兵，来除掉本国中自己的对手"。这在意大利思想家尼可罗・马基亚维利的《君主论》中也有相关论述，只不过他说的是君主为了加强自己而采取的技巧，认为君主天生喜欢善待外国人，来对付本国人。从维护和强化权力来讲，这些都是必然的。）

翟璜，是魏王下面的重臣，他的外援是韩国，跟韩国关系好。于是他把韩国兵招来，叫他们攻打魏国，再请示魏王之后去跟韩国媾和，从而加重自己的地位。（这就迫使魏王一直重用他，因为他是主持两国媾和的，没了他，韩国又会来打魏国。为了加重自己的地位，凭空为国家树个敌人，这就是所谓"挟洋自重"吧。）

越王勾践去进攻吴国，吴国战败。吴王夫差谢罪，请求饶恕自己。越王勾践打算饶了他，大夫范蠡、文种说："不可。从前越国战败，吴国就饶了我们，结果有了今天。现在吴国战败，我们不能饶了他。"太宰嚭对文种说：

“狡兔尽则良犬烹，敌国灭则谋臣亡。您应该留下吴国啊，有吴国这个外患，那么越王就总得重用您。”（这里说的还是挟洋自重的道理。）

文种确实是忠臣，拒绝保留吴国从而抬高自己的身价。文种很生气，随后说：“还是灭掉吴国吧。我是个功臣，如果杀了我这个功臣，越国也长久不了。”

赵国的大成牛对韩国的申不害说：“你用韩国来加重我在赵国的地位，我也用赵国来加重你在韩国的地位，这样你就有了两个韩国，我也有了两个赵国。”

司马喜是中山君的重臣，但是他跟赵国交好，并且还把中山王的谋划，暗中通报给赵王。（这是为了外援，把国家机密泄露给外援。）

吕仓，是魏王的臣子，但是跟秦国、楚国关系好，暗中叫秦楚来进攻魏国，然后自己出面讲和，从而自重于魏国（提高自己在魏国的重用性）。

宋石，是魏国的将领，卫君是楚国的将领。两国打仗，二人带兵出战。于是宋石给卫君写信说：“一旦打起来，总有一方得被消灭。打仗是两国国君的事，我跟你没有私怨。到时候打起来，咱们就互相避开啊。”

3 怎么避免下级挖坑

[原文]

三曰托于似类。

似类之事，人主之所以失诛，而大臣之所以成私也。

齐中大夫有夷射者，御饮于王，醉甚而出，倚于郎门。门者刖跪请曰：“足下无意赐之余沥乎？”夷射叱曰：“去！刑余之人，何事乃敢乞饮长者！”刖跪走退。及夷射去，刖跪因捐水郎门霤下，类溺者之状。明日，王出而呵之，曰：“谁溺于是？”刖跪对曰：“臣不见也。虽然，昨日中大夫夷射立于此。”王因诛夷射而杀之。

魏王臣二人不善济阳君，济阳君因伪令人矫王命而谋攻己。王使人问济阳君曰：“谁与恨？”对曰：“无敢与恨。虽然，尝与二人不善，不足以至于此。”王问左右，左右曰：“固然。”王因诛二人者。

季辛与爰骞相怨。司马喜新与季辛恶，因微令人杀爰骞，中山之君以为季辛也，因诛之。

荆王所爱妾有郑袖者。荆王新得美女，郑袖因教之曰：“王甚喜人之掩口也，为近王，必掩口。”美女入见，近王，因掩口。王问其故，郑袖曰：“此固言恶王之臭。”及王与郑袖、美女三人坐，袖因先诫御者曰：“王适有言，必亟听从王言。”美女前近王甚，数掩口。王悖然怒曰：“劓之。”御因揄刀而劓美人。

费无极，荆令尹之近者也。郄宛新事令尹，令尹甚爱之。无极因谓令尹曰：“君爱宛甚，何不一为酒其家？”令尹曰：“善。”因令之为具于郄宛之家。无极教宛曰：“令尹甚傲而好兵，子必谨敬，先亟陈兵堂下及门庭。”宛因为之。令尹往而大惊，曰：“此何也？”无极曰：“君殆，去之！事未可知也。”令尹大怒，举兵而诛郄宛，遂杀之。

犀首与张寿为怨，陈需新入，不善犀首，因使人微杀张寿。魏王以为犀首也，乃诛之。

中山有贱公子，马甚瘦，车甚弊。左右有私不善者，乃为之请王曰：“公子甚贫，马甚瘦，王何不益之马食？”王不许。左右因微令夜烧刍厩。王以为贱公子也，乃诛之。

魏有老儒而不善济阳君。客有与老儒私怨者，因攻老儒杀之，以德于济阳君，曰：“臣为其不善君也，故为君杀之。”济阳君因不察而赏之。

[作者智解]

似是而非的事情，君主对它处罚失当，臣子就可以从中谋取私利。

齐国有个大夫叫夷射，这一天跟国君喝酒，喝醉了之后，就出来倚着廊门休息。看门人就说："您能给我也拿一杯喝喝吗？"夷射叱道："滚！你也配，敢妄想向贵人要酒喝！"看门人只好退下了，然后偷着往廊下撒了些水，好像人尿的一样。不久，齐王出来了，看见了，就问："谁在这儿尿尿了？"看门人就说："我没看见啊。不过，刚才大夫夷射站在这儿来着。"于是齐王诛杀了夷射。

（仅仅因为口头证言就给人定罪，这当然是君主糊涂的地方。君主对似是而非的事情没有明察，处理失当，导致奸臣借此除掉竞争对手。这实际上是奸臣利用国君、蒙蔽国君、排斥异己的办法。前面举了李林甫的很多故事，其实也是这类的。君主不能明察，就会在奸臣的忽悠下，残害忠良。因此，一定要向多方参验，跟多人询问，把这事情调查清楚。这就是兼听则明，偏信则暗。）

魏国的济阳君跟两个人的关系不好，就叫人假装攻打自己，然后跑去向魏王告状。魏王说："你跟谁是仇人啊？"济阳君说："我不敢跟谁结仇。不过，我曾经跟某两个人关系不好，但也不至于这样。"于是魏王问左右，左右都说是这样，魏王就杀了那两个人。（这也是口头证言。似是而非的事情，当了证据。）

季辛跟爰骞是仇人，司马跟季辛的关系也不好。于是，爰骞派人暗杀了司马。中山君（中山国王）觉得一定是季辛干的，因为他跟司马的关系坏，就杀了季辛。

郑袖是楚怀王宠爱的美女，长袖善舞，蛾眉善妒，整天最担心的就是别人夺了她的宠。楚怀王曾宠爱另一个美人，郑袖笑眯眯地告诉那美人说："美人啊，你哪都好，就是鼻子有点扁，以后见到大王，用手捂着点儿啊。"

后来，大王很奇怪："怎么美人见了我老捂鼻子啊？"

"那是因为嫌您口臭啊！"郑袖说。

楚怀王恼羞成怒，就把美人鼻子给割了，逐出宫外。

（这是最古老的宫斗，套路是一样的，就是给对方挖坑。下一个也是挖坑的例子。作为君主，要知道下属之间会互相挖坑，否则自己就成了下属达成目标的工具了。所以，只有糊涂的君主，下面才会有宫斗。）

伯郤宛为人刚直而有人缘。费无极就撺掇楚令尹跟郤宛吃饭，后者同意了。费无极又跑去对伯郤宛说："令尹明天想在你家里喝酒。他喜欢研究甲胄兵器，越精良他越收藏，越喜欢。你拿出一些来，预备好给他。"

伯郤宛傻乎乎地翻出全套甲胄、兵器，好多副。次日，令尹囊瓦正准备如期造访伯郤宛家时，费无极忽然急慌慌地跑来，说："不好了，我差点害了您。伯郤宛将对您不利了，他的甲士都藏在家门内了。您千万不能去了！"

囊瓦一惊："我跟老伯没什么仇啊，他为什么这样？"

费无极说："他可能是想替吴国人除掉您。"

令尹囊瓦大怒，命令：攻杀伯郤宛家，烧为平地。于是，杀了伯郤宛全家。

犀首跟张寿是仇人，跟陈需的关系也不好。于是，陈需就派人暗杀了张寿。魏王以为是犀首干的，诛杀了犀首。

中山有一个贱公子，马很瘦，车很弊。大王身边有人跟这贱公子关系很差，就替公子向大王请示："公子很穷，马很瘦，大王何不送他一些好的马料？"大王不答应。于是这个人就偷着把大王的马料堆给烧了。大王觉得是这个贱公子干的，就杀了这个公子。（这也是挖坑。）

济阳君有一个门客，但是不受济阳君待见。这时候，齐国派一个老儒到马梨山挖药材。这个门客想立功，就对济阳君说："这个老儒名义上是挖药材，实际上是刺探您的虚实的。我请求去杀了他。"济阳君说："可以。"于是他去刺杀了这老儒，济阳君就开始亲近他了。（这是诬陷别人，自己给自己造了一个功。）

4 利益链推导谁是奸人

[原文]

四曰利害有反。事起而有所利，其尸主之；有所害，必反察之。是以明主之论也，国害则省其利者，臣害则察其反者。

陈需，魏王之臣也，善于荆王，而令荆攻魏。荆攻魏，陈需因请为魏王行解之，因以荆势相魏。韩昭侯之时，黍种尝贵甚。昭侯令人覆廪，吏果窃黍种而粜之甚多。

昭奚恤之用荆也，有烧仓廥[1]窌者而不知其人。昭奚恤令吏执贩茅者而问之，果烧也。

昭僖侯之时，宰人上食而羹中有生肝焉，昭侯召宰人之次而谯之曰："若何为置生肝寡人羹中？"宰人顿首服死罪，曰："窃欲去尚宰人也。"

一曰：僖侯浴，汤中有砾。僖侯曰："尚浴免，则有当代者乎？"左右对曰："有。"僖侯曰："召而来。"谯之曰："何为置砾汤中？"对曰："尚浴免，则臣得代之，是以置砾汤中。"

文公之时，宰臣上炙而发绕之。文公召宰人而谯之曰："女欲寡人之哽耶，奚为以发绕炙？"宰人顿首再拜请曰："臣有死罪三：援砺砥刀，利犹干将也，切肉肉断而发不断，臣之罪一也；援木而贯脔而不见发，臣之罪二也；奉炽炉，炭火尽赤红，而炙熟而发不烧，臣之罪三也。堂下得无微有疾臣者乎？"公曰："善。"乃召其堂下而谯之，果然，乃诛之。

---

① 读 kuài，原字为广字旁下一个"会"字，输入法没有收录，是"廥"字的类推简化字。意为放草料的房舍。

[作者智解]

第四是利害有归口。发生了某件事，只要了解这事的结果对谁有利，就能找出谋划这个事情的元凶了。

陈需是魏王的臣子，但陈需跟楚王的关系也好。于是陈需就暗中叫楚国进攻魏国，自己又主动向魏王请命，来给魏楚讲和，从而使得魏王感谢和封赏他。这件楚攻魏的事情，唯独是对陈需有利的，加以考察，就可以知道这一定是他谋划唆使的。

韩昭侯的时候，黍子的种子一度特别贵。韩昭侯就派人检查仓库的负责官吏，果然是他把国家的黍子种子偷出来，囤积起来卖。（分析一下这个对国家有害的事情对谁有利，就知道该重点去查谁了。）

楚国的昭奚恤主政的时候，有人把国家草料库给烧了，但是不知谁干的。昭奚恤就命令把卖茅草的人抓来，一审问，果然是他干的。（国家的草料都烧了，卖茅草的手中的茅草就能升值，对他有利，所以是他暗中干的。）

韩昭侯有一次吃饭，宰人把羹端上来了，结果里边有一块生肝。韩昭侯就叫来宰人的次一级的官吏，问："你怎么把生肝放到寡人的羹中了？"宰人的次一级官吏赶紧磕头谢罪，说："我是想除掉宰人，我好上去当宰人啊。"（他诬陷自己的上级，废掉上级，他好接班，所以这事对他有利。）

还有一个故事，韩昭侯在洗澡，却发现洗澡水里有块砂石。韩昭侯说："假如尚浴（负责洗澡的官）被免了，有能顶上去接替的人吗？"左右回答："有。"于是把这人叫来。韩昭侯问他："你为什么把砂石放到我的洗澡水里？"这人赶紧谢罪："尚浴被追责免官后，我就可以升上去取代他啊，所以我把石子放在您的洗澡水里了。"（看来，当事人的次级往往可以是受利者，有作案动机。）

晋文公吃饭的时候，宰人端上了烤肉，但是上面有一根头发，卷在肉上。晋文公责备宰人："你让我吃肉还是吃头发啊，想害我噎着啊？怎么把头发卷在肉上了？”宰人赶紧顿首说：“我有死罪三，第一，把刀磨得很锋利，结果切肉却没切断头发；第二，拿锥子穿肉时，居然没看见头发；第三，拿火炭烤肉，居然没烤焦头发。是不是堂下有人暗中恨我啊？”晋文公说：“你说得有道理。”于是叫堂下的其他仆人来进行盘问，果然找到了陷害宰人、把头发偷卷烤肉上的人，最后杀了他。

5 猜疑链判断人的动机

[原文]

五曰参疑内争。参疑之势，乱之所由生也，故明主慎之。晋献公之时，骊姬贵，拟于后妻，而欲以其子奚齐代太子申生，因患申生于君而杀之，遂立奚齐为太子。

郑君已立太子矣，而有所爱美女欲以其子为后，夫人恐，因用毒药贼君杀之。

公子朝，周太子也，弟公子根甚有宠于君。君死，遂以东周叛，分为两国。楚成王以商臣为太子，既而又欲置公子职。商臣作乱，遂攻杀成王。一曰：楚成王以商臣为太子，既欲置公子职。商臣闻之，未察也，乃为其傅潘崇曰：“奈何察之也？”潘崇曰：“飨江芈而勿敬也。”太子听之，江芈曰：“呼，役夫！宜君王之欲废女而立职也。”商臣曰：“信矣。”潘崇曰：“能事之乎？”曰：“不能。”“能为之诸侯乎？”曰：“不能。”“能举大事乎？”曰：“能。”于是乃起宿营之甲而攻成王。成王请食熊膰而死，不许，遂自杀。

狐突曰：“国君好内则太子危，好外则相室危。”郑君问郑昭曰：“太子亦何如？”对曰：“太子未生也。”君曰：“太子已置而曰‘未生’，何也？”

对曰："太子虽置，然而君之好色不已，所爱有子，君必爱之，爱之则必欲以为后，臣故曰'太子未生'也。"

［作者智解］

第五是身边人的互相猜疑内斗。人们猜疑争斗，这是国家祸乱的原因，君主必须慎重。

晋献公的时候，他的宠妃骊姬想让自己的孩子奚齐取代太子申生，于是说申生坏话。晋献公最终杀了申生，而立奚齐为太子。（这是因为身边人猜疑内斗导致的。）

郑国君已经立了太子，但是又爱上了另一个美女，想让这个美女的儿子当太子。于是，国君夫人害怕了，干脆用毒药毒死了郑国君。

公子朝是周的太子，他的弟弟公子根也得周天子的宠爱。周天子死了以后，弟弟就占据东周叛乱，于是周分为东西两国。

商臣是楚国的太子，但是他爸爸楚成王又慢慢不喜欢他了，想立自己小媳妇生的王子职，打算废掉商臣。太子商臣听到一丝风声，但是吃不准，就找自己的老师请教。老师教了他一个投石问路的办法。

楚成王有个妹妹江芈，这时候正好来郢都娘家串门。

太子商臣把江姑妈请到太子宫里吃饭。上了三道菜之后，商臣就不接菜了，而是让仆人把菜罐子放在江姑妈前面。江姑妈吃菜，旁边的太子商臣就跟左右的人捂着嘴偷乐。江姑妈糊里糊涂地看看衣服扣，又拿手擦擦脸，没有问题啊。太子乐得更凶了。江姑妈大怒，骂道："活该你爹想废了你！"

商臣因此知道楚成王想废掉自己了，干脆刺杀了楚成王。

所以说，国君喜欢美女则太子就危险了，喜欢外面的人则相国就危险了。

这个故事是说，包括美女和太子，不同群体之间存在矛盾，他们互相斗争，都想从君主那里获得权力，而这种斗争导致国家出乱子。下面说的还是这样的例子。

郑君问郑昭："现在太子怎么样？"郑昭说："太子还没生出来呢。"国君说："太子都已经立了，怎么还说没生出来呢？"郑昭说："太子虽然已经立了，但是您好色不断，继续喜欢别的女子。等这些女子生出了儿子，您一定也想叫他当太子，所以我说：'太子还没生出来呢。'"

6 怎么误导博弈对手

[原文]

六曰敌国废置。敌之所务，在淫察而就靡，人主不察，则敌废置矣。

文王资费仲而游于纣之旁，令之谏纣而乱其心。荆王使人之秦，秦王甚礼之。王曰："敌国有贤者，国之忧也。今荆王之使者甚贤，寡人患之。"群臣谏曰："以王之贤圣与国之资厚，愿荆王之贤人，王何不深知之而阴有之。荆以为外用也，则必诛之。"

仲尼为政于鲁，道不拾遗，齐景公患之。黎且谓景公曰："去仲尼犹吹毛耳。君何不迎之以重禄高位，遗哀公女乐以骄荣其意。哀公新乐之，必怠于政，仲尼必谏，谏必轻绝于鲁。"景公曰："善。"乃令黎且以女乐六遗哀公，哀公乐之，果怠于政。仲尼谏，不听，去而之楚。

楚王谓干象曰："吾欲以楚扶甘茂而相之秦，可乎？"干象对曰："不可也。"王曰："何也？"曰："……是茂贤也。"王曰："相人敌国而相贤，其不可何也？"干象曰："前时王使邵滑之越，五年而能亡越。所以然者，越乱而楚治也。日者知用之越，今忘之秦，不亦太亟亡乎？"王曰："然则为之奈何？"干象对曰："不如相共立。"王曰："共立可相，何也？"对曰：

“共立少见爱幸，长为贵卿，被王衣，含杜若，握玉环，以听于朝，且利以乱秦矣。”

吴政荆，子胥使人宣言于荆曰：“子期用，将击之；子常用，将去之。”荆人闻之，因用子常而退子期也，吴人击之，遂胜之。

晋献公伐虞、虢，乃遗之屈产之乘，垂棘之璧，女乐六，以荣其意而乱其政。

叔向之谗苌弘也，为书曰：“苌弘谓叔向曰：‘子为我谓晋君，所与君期者，时可矣。何不亟以兵来？’”因佯遗其书周君之庭而急去行。周以苌弘为卖周也，乃诛苌弘而杀之。

郑桓公将欲袭郐，先问郐之豪杰、良臣、辩智果敢之士，尽与姓名，择郐之良田赂之，为官爵之名而书之。因为设坛场郭门之外而埋之，衅之以鸡豭，若盟状。郐君以为内难也而尽杀其良臣。桓公袭郐，遂取之。

秦侏儒善于荆王，而阴有善荆王左右而内重于惠文君。荆适有谋，侏儒常先闻之以告惠文君。

邺令襄疵，阴善赵王左右。赵王谋袭邺，襄疵常辄闻而先言之魏王。魏王备之，赵乃辄还。卫嗣君时，有人于令之左右。县令发蓐而席弊甚，嗣公还令人遗之席，曰：“吾闻汝今者发蓐而席弊甚，赐汝席。”县令大惊，以君为神也。

[作者智解]

第六是敌国的误导干扰。敌国要做的事情，就是使我们的国君错乱，判断失误。如果国君不明察，就会按敌国的意思来更换大臣。

周文王花钱资助费仲，叫他到商纣王的身边活动，迷惑纣王，乱纣王的心。（这个费仲是个大奸臣，迷惑纣王干坏事。）

楚王派人出使秦国。秦王看了，对下面人说：“敌国有贤者，那是我们的忧患啊。我看这楚国使者是个贤能的人，我为此很担忧。”臣子就给办法说：“您厚待这个楚国来使，私下跟他交好，这样，楚王觉得他有外心，就一定会杀了他。”（假装拉拢对方，使楚王感觉他叛变了，所以有时候竞争方跟你交好，就是这样的计策。）

孔子在鲁国担任司寇期间，卖猪羊肉的都不敢哄抬物价，治安也特别好，曲阜甚至“道不拾遗”。这种美政对于自视霸主的齐景公是个压力，于是黎且给齐景公出主意说：“想除掉孔子，很容易。您可以给鲁哀公送去美女和音乐，使他骄恣，这样孔子必然劝谏，鲁哀公不爱听，孔子势必就辞职不干了。”于是齐景公挑选了八十名会唱靡靡之音的齐国美女，组成歌舞团，穿着华丽的衣裳，坐上三十辆华贵马车，跑到曲阜南门外开演唱会。

鲁执政卿季桓子是个好色之徒。他一天之内，化装三次出城门偷看演唱会，次日又拉着鲁哀公一起去，俩人看了一整天。孔子一看，气得不行，进行进谏。两人不听。孔子干脆辞职，周游列国去了。（这个故事想说明的依旧是，如果国君不明察，就会按敌国的意思来更换大臣。）

楚王问干象：“我想以楚国的势力，扶秦国的甘茂当秦国的相国，你觉得好吗？”（他可以推荐，促使秦国用甘茂为相。）干象说不好。楚怀王问为什么。干象说：“甘茂是个贤人。”楚怀王说：“那帮助贤人当上相国，为什么不可以呢？”干象说：“从前大王派使者邵滑去了越国，五年时间终于灭了越国，之所以能如此，是因为邵滑把越国搞得很乱，于是您得以灭掉越国。既然成功地这么操作过，现在对秦国，怎么就忘了呢？”楚王问：“那我怎么办？”干象说：“不如把共立推上去当秦相国。这人自小被秦王宠爱，穿着王衣，含着杜若，握着玉环，主持朝政，一定会使秦国乱掉，而这是对咱们楚国有利的。”

吴国要攻楚国，伍子胥（吴国的）就派人在楚国内宣言：“如果楚国任用子期当相国，我们就去打楚国。如果用子常，我们就不打。”荆王听说了，就任用了子常。结果子常是个奸臣，弄得楚国很乱。吴国趁机进攻，战败楚国，攻进了楚国都城。

叔向想干掉周天子下面的苌弘，于是就假写了一封信，假作是苌弘写给叔向的，内容是："你替我对晋国君说，我跟你约定的时间到了，可以了，你赶紧发兵来吧。"然后假装把这信丢在周的朝廷里。周天子认为苌弘出卖自己，勾结晋国来打我们，就杀了苌弘。

（以上两个都是反间计了。）

郑桓公将要攻打郐国，就打听了郐国的豪杰、良臣、辩智、果敢之士，写上他们的姓名，选郐国的各地良田来贿赂他们，给他们各种官爵，都写下来，然后在城门外设坛场，把写的这个埋在坛下，还用鸡猪的祭祀，好像盟誓了一样（跟这些人盟誓，承诺未来给他们这些好处）。郐君听说了，认为这些人想接应郑桓公，于是就把这些良臣都杀了。郑桓公立马攻郐，灭掉了它。（也是反间计。）

秦国有个侏儒，到楚王那里当侍臣，平时给楚王表演逗乐。每当楚王有什么谋划，侏儒听说了，就偷着去告诉秦王。（这其实还是任用间谍，所以说，君主要资助敌国那些地位轻的人，帮助那些弱的人，这样来颠覆对方。下面的例子也是说这个意思的。）

邺县县令襄疵，私下跟赵王左右关系好。每当赵王谋划偷袭邺城，襄疵知道了，就赶紧上报魏王，进行准备。赵王只得回军。

卫嗣君派人去当县令的侍从。县令有一次打开褥子，那人发现下面的席子很破，便报告给了卫嗣君。于是卫嗣君就派人给这县令送去席子，说："我听说你的席子很破了，赐给你一张好的。"县令大惊，以为国君是神人。（间谍也负责收集信息，对于博弈来讲，没有信息就是不可能的。）

第二十二章
外储说左上：利人使人主动

[原文]

挟夫相为则责望，自为则事行。故父子或怨谯，取庸作者进美羹。

人为婴兒也，父母养之简，子长人怨；子盛壮成人，其供养薄，父母怒而诮之。子、父，至亲也，而或谯或怨者，皆挟相为而不周于为己也。夫买庸而播耕者，主人费家而美食，调布而求易钱者，非爱庸客也，曰：如是，耕者且深，耨者熟耘也。庸客致力而疾耘耕者，尽巧而正畦陌者，非爱主人也，曰：如是，羹且美，钱布且易云也。此其养功力，有父子之泽矣，而心调于用者，皆挟自为心也。故人行事施予，以利之为心，则越人易和；以害之为心，则父子离且怨。

越伐吴，乃先宣言曰："我闻吴王筑如皇之台，掘深之池，罢苦百姓，煎靡财货，以尽民力，余来为民诛之。"

蔡女为桓公妻，桓公与之乘舟，夫人荡舟，桓公大惧，禁之不止，怒而出之。乃且复召之，因复更嫁之。桓公大怒，将伐蔡。仲父谏曰："夫以寝席之戏，不足以伐人之国，功业不可冀也，请无以此为稽也。"桓公不听。仲父曰："必不得已，楚之菁茅不贡于天子三年矣，君不如举兵为天子伐楚。楚服，因还袭蔡，曰'余为天子伐楚，而蔡不以兵听从'，遂灭之。此义于名而利于实，故必有为天子诛之名，而有报仇之实。"

吴起为魏将而攻中山。军人有病疽者，吴起跪而自吮其脓。伤者之母立泣，人问曰："将军于若子如是，尚何为而泣？"对曰："吴起吮其父之创而父死，今是子又将死也，今吾是以泣。"

［作者智解］

带着为别人做的心，就会互相抱怨，而如果是为自己做，那么干起来就轻松还容易做成。人小的时候，如果父母对他养得差，长大了之后他就会抱怨父母。人老了之后，如果子女对他供养得差，父母也会骂女子。父与子，是至亲，还会出现这样互相抱怨，都是因为他们做事是为对方好，而不是为自己好（言下之意，人为别人做事情，不是那么情愿，即便有亲情关系）。

雇来庸客（打零工的）来种地。主人破费，给他准备好吃的，给他钱，不是因为爱这个庸客，而是说："这样的话，他才好好种地，深耕熟耘。"庸客努力耕种，不是因为爱主人，而是说："这样的话，我吃得才好，得到的钱才多。"所以人做事、给东西，怀着利之的心（让对方获得好处），那么就是遥远的越国人也能够相好；用害之的人，那就是父子也会相怨。

（这里想说的是，人是利益的动物，不能给自己带来利益，就是父母和子女之间的供养，都会有懈怠和相应引发抱怨，而能给自己带来利益，没有亲情关系的佣工也会变得特别勤快。所以，人做事的时候，怀着"利之"的心，能让对方从中获利，他就会积极配合你。）

越国要伐吴，先宣言说："我听说吴王修筑高台，挖掘深池，疲累百姓，耗费钱财，把民力都用光了，我来为民众诛杀他。"

（这里想说的是，越国打吴国，本来是为了给自己报仇，但是说成为了救吴国人，给吴国人带来幸福，怀着"利之"的心，这样就易于成功。让吴国人觉得，杀了吴王对他们有好处，他们当然也就会愿意配合越国的进攻，这就是从对方的利益考虑。

这就意味着，给团队定一个目标，并不会有激励作用。只有这个目标是让团队觉得能“利之”的，从中能增加他们的好处，他们才有动力。比如说，把公司的业绩目标从一个亿提升到两个亿，这对员工来讲没有任何激励作用，除非这意味着员工的工资能翻一倍乃至多倍。越国人伐吴这个故事，说明的就是这一点。）

齐桓公有个妃子是蔡国人。齐桓公跟着蔡姬一起划船玩，结果蔡姬贪玩，使劲晃那条船。齐桓公害怕，叫她停，她也不停。下船之后，齐桓公生气了，就让她回了娘家。但这只是让她反省一下，没打算离婚。回去之后，蔡姬很没面子。蔡姬的哥哥就是蔡国君，也生气了，心说你不给我面子，我也不给你面子，就把他妹妹——蔡姬，改嫁给了别人。

齐桓公发现媳妇改嫁别人后，勃然大怒，打算打蔡国。管仲进谏，说：“因为私生活小事，不足以讨伐别人的国家，也难以指望获得成功，不要用这个理由去打。”齐桓公不听。管仲又说：“非要去打的话，楚国三年不给天子上贡了，您不如举兵替天子去讨伐楚国。楚国服了，就回来袭击蔡国，理由是我们去为天子打楚国，但是蔡国不肯发兵跟着我们一起去。这样灭掉蔡国，在名上符合义，还能收得实利，有为天子诛杀他之名，又有报仇之实。”

这里想说明的是，如果为了私人目的，而去打蔡国，师出无名，也不会成功。如果为了正义的目的，有正义的理由，去打楚国和蔡国，就名利双收。这是对“利人”概念的进一步扩大。

吴起为魏国当将官，去攻打中山。士兵中有一个人长了疮，疼痛难忍，吴起就跪着给这个人吮脓。这个士兵的母亲听说了，就哭了。别人问她：“将军对你孩子这么好，你为什么哭啊？”他妈妈说：“从前，孩子爹受了伤，吴起就给他吮伤，于是孩子爹奋勇杀敌，战死了。现在我这儿子又要死了，所以我哭啊。”

（这里说的是，吴起怀着利人之心，于是士兵为他卖命，所以，利人就能得到人。）

第二十三章
外储说左下：势和术的故事案例

1 执术而御人

［原文］

恃势而不恃信，故东郭牙议管仲；恃术而不恃信，故浑轩非文公。故有术之主，信赏以尽能，必罚以禁邪，虽有驳行，必得所利。简主之相阳虎，哀公问“一足”。

齐桓公将立管仲，令群臣曰：“寡人将立管仲为仲父。善者入门而左，不善者入门而右。”东郭牙中门而立。公曰：“寡人立管仲为仲父，令曰：‘善者左，不善者右。’今子何为中门而立？”牙曰：“以管仲之智，为能谋天下乎？”公曰：“能。”“以断，为敢行大事乎？”公曰：“敢。”牙曰：“若知能谋天下，断敢行大事，君因专属之国柄焉。以管仲之能，乘公之势以治齐国，得无危乎？”公曰：“善。”乃令隰朋治内、管仲治外以相参。

晋文公出亡，箕郑挈壶餐而从，迷而失道，与公相失，饥而道泣，寝饿而不敢食。及文公反国，举兵攻原，克而拔之。文公曰：“夫轻忍饥馁之患而必全壶餐，是将不以原叛。”乃举以为原令。大夫浑轩闻而非之，曰：“以不动壶餐之故，怙其不以原叛也，不亦无术乎？”故明主者，不恃其不我叛也，恃吾不可叛也；不恃其不我欺也，恃吾不可欺也。

阳虎议曰："主贤明，则悉心以事之；不肖，则饰奸而试之。"逐于鲁，疑于齐，走而之赵，赵简主迎而相之。左右曰："虎善窃人国政，何故相也？"简主曰："阳虎务取之，我务守之。"遂执术而御之。阳虎不敢为非，以善事简主，兴主之强，几至于霸也。

鲁哀公问于孔子曰："吾闻古者有夔一足，其果信有一足乎？"孔子对曰："不也，夔非一足也。夔者忿戾恶心，人多不说喜也。虽然，其所以得免于人害者，以其信也。人皆曰：'独此一，足矣。'夔非一足也，一而足也。"哀公曰："审而是，固足矣。"

[作者智解]

依赖势而不要指望臣子的忠信。东郭牙也是这么评论管仲的。这个故事是这样的：齐桓公要任用管仲当相国，对群臣说："我想立管仲为仲父，赞同的站在门左边，不赞同的站在门右边。"东郭牙却站在门中间。

齐桓公奇怪地问他。他说："以管仲之智，能帮着谋取天下吗？"

齐桓公说："能。"

"让他做决断，敢干大事吗？"

齐桓公说："敢。"

东郭牙说："他的智力足以谋取天下，又敢决断大事，您把国家权柄都授予他，他乘着你的势，控制齐国，你岂不危险了？"

齐桓公说："善。"于是叫隰朋治理内务，叫管仲治理外务，以互相牵制。

（这里体现的就是势，即分权和牵制。如果权力集中到一人身上，则只能指望于这人的能力和忠诚，而韩非子是不赞同这样的。他强调的是相信势，而不是侥幸于人性。如果领导失去了势，而指望下属的人性，那是不可靠的。）

依赖术而不要依赖臣子的忠信，浑轩因此非议晋文公。晋文公重耳流亡，箕郑抱着一壶餐跟着跑，结果迷路了，找不到重耳了。但是他没有偷吃抱着的那壶饭，饿得要命，在路边哭泣，最终还是找到了重耳。等重耳回国，继位，当了国君，进攻原国，拔取下来。晋文公重耳说："当初箕郑一壶饭都不偷吃，我把原国封给他，他也不会借着原国背叛我的。"

大夫浑轩立刻出来反对："因为他不偷吃饭，来指望于他也不以原城背叛，这不也是没有术吗？"（只能指望于对方良心，但没有什么术可以制约对方，这样是不行的。浑轩的意思是，封赏箕郑，因为他忠诚，这个道理是讲不通的。忠诚的保质期是有限的，换了情况，换了条件，人也可能变得不忠诚。你赏了他边界上这么一个城邑，也许他就不忠诚了。所以，君主用法术来控制臣子，而不是指望于个人的忠诚天性。）

有术的人主，运用赏赐来促使大家尽力，使用刑罚来禁止邪恶，这样一定得到期望的利益。

明主，不能恃其不叛我，要恃我不可叛。不恃其不欺，恃我不可欺。（恃就是仗恃。）

阳虎说："主子贤明，我就悉心侍奉他。主子不肖，我就藏着我的奸心来试验他。"结果阳虎作乱，被鲁国赶跑，又被齐国怀疑，一路逃跑到晋国（在山西）。

晋国的卿赵简子收留了他，还叫他做自己的相大管家。左右说："阳虎最善于偷别人的政权了，为什么任用他啊？"

赵简子说："阳虎务取之，我务守之。"于是，执术而御之。阳虎不敢为非，好好地侍奉赵简子，使得赵家强大，几乎成为霸主。

（这是讲，即便对于阳虎这样的不忠的人，用法术也可以驾驭。所以，儒家强调的道德区分不重要，我们法家的办法才是关键。）

鲁哀公问孔子："我听说古代的夔只有一只脚，是真的吗？"孔子说：

“不可能，怎么会是一只脚呢？夔这人脾气很坏，人们都讨厌他，但是他很讲信用，因此也免于被人伤害。人们都说：‘就凭这一个，足矣。’不是夔只有一个足，是他有一个好品格，就足矣。”

鲁哀公说：“如果是这样，那真是足够了。”

（这里是谐音梗，意思是掌握住了术，有这一个就够了。）

2 执利以诱人

［原文］

臣以卑俭为行，则爵不足以观赏；宠光无节，则臣下侵逼。……朋党相和，臣下得欲，……下不相和，则人主明。

孟献伯相晋，堂下生藿藜，门外长荆棘，食不二味，坐不重席，晋无衣帛之妾，居不粟马，出不从车。叔向闻之，以告苗贲皇。贲皇非之曰：“是出主之爵禄以附下也。”

一曰：……苗子曰：“何贺焉？夫爵禄旗章，所以异功伐别贤不肖也。故晋国之法，上大夫二舆二乘，中大夫二舆一乘，下大夫专乘，此明等级也。且夫卿必有军事，是故修车马，比卒乘，以备戎事。有难则以备不虞，平夷则以给朝事。今乱晋国之政，乏不虞之备，以成节，以絜私名，献伯之俭也可与？又何贺？”

管仲相齐，曰：“臣贵矣，然而臣贫。”桓公曰：“使子有三归之家。”曰：“臣富矣，然而臣卑。”桓公使立于高、国之上。曰：“臣尊矣，然而臣疏。”乃立为仲父。孔子闻而非之曰：“泰侈逼上。”

孙叔敖相楚，栈车牝马，粝饼菜羹，枯鱼之膳，冬羔裘，夏葛衣，面有饥色，则良大夫也。其俭逼下。

[作者智解]

臣子如果把平淡简朴看作是好的，那么就没法用爵位赏赐调动他们了（因为臣子不看重富贵）。如果赏赐毫无节制，臣子就会越要越多，直至侵逼君主。朋党和睦，那么臣子得以实现自己的欲望。下面的人互相不和，则上面的君主才能明察每个人。

孟献伯在晋国做执政官，堂下生出藿藜，门外长着荆棘，一顿饭就吃一个菜，席子就一层，小妾不穿帛，马不吃小米，出门就一辆车。晋国大夫苗贲皇非议他说："这是抛弃君主的爵禄，来从下民那里邀得名誉啊。"（臣子不看重富贵，那么国君就无从调动他，这么不配合的臣子，都不是好人。）

另一种说法，苗贲皇说："爵禄旗章，是用来区别这人的业绩，体现贤与不肖的差别的。所以法令规定：上大夫二舆二乘，中大夫二舆一乘，下大夫专乘。遇到打仗，还需要修理车马，准备卒乘，以备戎事。他乱了晋国之政，使得军事上也无备，来成就自己的私名。这种俭朴值得称道吗？"

管仲对齐桓公说："我已经很贵了（当官了），但是我还穷。"齐桓公说："那我就给你三归。"管仲说："我已经富了，但是地位还不高。"齐桓公就把他级别定在高、国两氏之上。管仲说："我倒是尊贵了，但是还疏远。"齐桓公就管他叫仲父。孔子非议说："泰侈逼上。"（臣子要得太多，就逼迫上级了。）

孙叔敖在楚国当相国，坐普通的板车，吃饼和菜羹，还吃枯鱼，冬天就穿个羔裘，夏天就是葛衣，面有饥色，这也是良大夫，但是其俭逼下。

（回避利益，不言说利益，在韩非子看来，都是干扰赏罚这种管理工具的有效性，因此是可批评的。）

3 推荐人的时候，到底要考虑公还是私

[原文]

阳虎去齐走赵，简主问曰："吾闻子善树人。"虎曰："臣居鲁，树三人，皆为令尹；及虎抵罪于鲁，皆搜索于虎也。臣居齐，荐三人，一人得近王，一人为县令，一人为候吏；及臣得罪，近王者不见臣，县令者迎臣执缚，候吏者追臣至境上，不及而止。虎不善树人。"主俯而笑曰："树橘柚者，食之则甘，嗅之则香；树枳棘者，成而刺人。故君子慎所树。"

中牟无令，晋平公问赵武曰："中牟，三国之股肱，邯郸之肩髀。寡人欲得其良令也，谁使而可？"武曰："邢伯子可。"公曰："非子之仇也？"曰："私仇不入公门。"公又问曰："中府之令，谁使而可？"曰："臣子可。"故曰："外举不避仇，内举不避子。"赵武所荐四十六人，及武死，各就宾位，其无私德若此也。

平公问叔向曰："群臣孰贤？"曰："赵武。"公曰："子党于师人。"向曰："武立如不胜衣，言如不出口，然所举士也数十人，皆得其意，而公家甚赖之。乃武子之生也不利于家，死不托于孤，臣敢以为贤也。"

解狐荐其仇于简主以为相。其仇以为且幸释己也，乃因往拜谢。狐乃引弓迎而射之，曰："夫荐汝，公也，以汝能当之也。夫仇汝，吾私怨也，不以私怨汝之故拥汝于吾君。"故私怨不入公门。

一曰：解狐举邢伯柳为上党守，柳往谢之，曰："子释罪，敢不再拜？"曰："举子，公也；怨子，私也。子往矣，怨子如初也。"

[作者智解]

阳虎从齐国逃跑，跑到晋国，被晋国赵简子任用。赵简子有一次问阳

虎："听说你善于树人。"

（"树人"就是推荐人，但目的在于培植势力，也就是安插人的意思。比如，某卿把自己喜欢的家臣推荐给国君，国君叫这人做个公职，这就是"树"了"人"了，类似于现在说的"树党"。）

阳虎说："我在鲁国时，树了三人，都做到了大官。可当我犯事从鲁国逃跑时，他们仨都使劲追捕我。我在齐国也推荐了三个人，其中一个得到齐侯的近幸，一人当了县令，一人做了候吏。但是我在齐国落了罪时，那个能接近齐侯的，不肯见我，更不肯为我通融，县令则假装迎接而偷着捆我，候吏则干脆追我直到边境。我这是不善树人啊。"

显然，阳虎说的"树人"，指善于安插培植人。

赵简子听了，笑得弯了腰，说："如果树的是梨、橘子啊，到结果时，吃着甜、闻着香。如果树的是枳棘木，那长成了就会刺人。所以君子树人岂能不慎重啊？"（意思是，扶植人，必须慎重选择。）

中牟没有县令，晋平公问赵武："中牟是个重要的地方，谁当县令合适？"赵武说："邢伯的儿子可以。"晋平公说："他不是你的仇人吗？"赵武说："个人的私仇不能影响公事。"晋平公又问："谁当中府令合适？"赵武说："我的儿子可以。"

所以说，外举不避仇，内举不避子。赵武给国君推荐了四十六人，但并不谋求私德，不是为了让这些人感谢他私恩，从而结党依附他。

晋平公问叔向："群臣中谁最贤？"叔向说："赵武。"晋平公说："为什么？"叔向说："赵武站着的时候，如同弱不胜衣，说话好像说不出口，但是推荐的数十人，都成了公家依赖的人。赵武活着的时候，没有为自家谋私，死了也不把儿子托付给别人照应，我觉得他是贤人。"

解狐把自家的仇人推荐给赵简子当官。仇人以为解狐已经谅解他了，于是过去拜谢。解狐拉弓对着他，说："我推荐你，是为了公义，而你是合适的。至于跟你，那是私怨，不能因为私怨把你堵着不让国君任用你。”所以，私怨不入公门。

另一种说法，解狐推荐邢伯柳去做上党郡守。刑伯柳过去拜谢，说：“你不跟我记仇了，我敢不前来拜谢？”解狐说：“我推荐你，是为了公，我怨恨你，是私。你去吧，我还是像以前那样怨你的。”

4 正直要看环境和情况

[原文]

公室卑则忌直言，私行胜则少公功。

范文子喜直言，武子击之以杖：“夫直议者不为人所容，无所容则危身。非徒危身，又将危父。”

子产者，子国之子也。子产忠于郑君，子国谯怒之曰：“夫介异于人臣，而独忠于主。主贤明，能听汝；不明，将不汝听。听与不听，未可必知，而汝已离于群臣。离于群臣，则必危汝身矣。非徒危己也，又且危父也。”

梁车新为邺令，其姊往看之，暮而后，门闭，因逾郭而入。车遂刖其足。赵成侯以为不慈，夺之玺而免之令。

管仲束缚，自鲁之齐，道而饥渴，过绮乌封人而乞食。乌封人跪而食之，甚敬。封人因窃谓仲曰：“适幸，及齐不死而用齐，将何报我？”曰：“如子之言，我且贤之用，能之使，劳之论。我何以报子？”封人怨之。

[作者智解]

国君的地位低，你的大忌就是说直言（言下之意，乱世不要直言）。在君主卑落的时候，如果别人都图私，你却奉公，也就变成了异类。

晋国的范文子喜欢说直言和实话，他爸爸范武子就拿手杖打他，说："说话太直的人，不被人所容，导致自己身危，还会连累老爸我！"

子产的郑国执政官，对国君很忠，他爸爸子国就骂他："你跟别的大臣都不一样，独独忠于国君。国君要是贤明，还听你的，要是不贤明，就不听你的。不管怎么样，你都跟群臣分开了。跟大家不合群，自己就会有危险。不单你有危险，老爸我也受连累。"

梁车到邺县当县令，他姐姐来看他。因为到时已经晚了，天已经黑了，门都关了，她就翻越城墙进来。梁车按法令，把自己的姐姐砍了脚。赵国君觉得他太狠，就把他撤职了。（因为他这种做法与众不同，与众不同就会遭殃。）

管仲在鲁国当了俘虏，被押送去齐国。路上，没饭吃了，就在路上乞食。有一个边境小吏送给他吃的，然后问："如果你到了齐国，得以不死，甚至还当了官，那怎么报答我啊？"管仲说："如果我能当官，那是因为我有能力。我有什么可报答你的呢？"于是，这个小吏就怨恨管仲。

随后管仲到了齐国，当了相国。

（管仲说的这话，梁车砍自己姐姐的脚，都是正确的，但是说话太直，于是被人怨恨。这里的意思就是，说话太直，不落好。）

第二十四章
难势：君主的势要慎用

[原文]

慎子曰：飞龙乘云，腾蛇游雾，云罢雾霁，而龙蛇与蚓蚁同矣，则失其所乘也。贤人而诎于不肖者，则权轻位卑也；不肖而能服于贤者，则权重位尊也。尧为匹夫，不能治三人；而桀为天子，能乱天下：吾以此知势位之足恃而贤智之不足慕也。夫弩弱而矢高者，激于风也；身不肖而令行者，得助于众也。尧教于隶属而民不听，至于南面而王天下，令则行，禁则止。则此观之，贤智未足以服众，而势位足以屈贤者也。

[作者智解]

慎到说，飞龙乘坐云，腾蛇在雾中游，等云雾散了的时候，龙蛇就掉下来，跟蚯蚓一样了，这是因为它失去了所乘坐的东西。（比喻君主要乘势。）贤人被不肖的人压倒，是因为权位轻卑。不肖的人能令贤人屈服，是因为他权重位高。尧假如是个老百姓，那他连三个人都治理不了。夏桀当了天子（虽然是个坏人），就能祸乱天下。因此我知道势位是人们足以依赖的东西，而贤能智慧则不值得羡慕。

弩很弱但是箭却能射得高，是因为被风吹着；自己不肖但是命令通行无阻，是得到众人的相助。尧教别人但是谁都不听，但是南面称王以后，就令行禁止。由此看来，能力、智力不足以服众，而势位足以令贤者屈。

延伸论据：田氏和齐景公的势的博弈

势就是君主尊高的位子和权力，有了势，就能压住一切人，令行禁止，无往不利。所以君主在使用法和术的同时，还要乘着自己的势。

关于什么是势，其实很多人把握不清。这里，我结合《外储说右上》中的田氏的故事和其中提到的势，可以明白它。

这个故事说，晏子告诉齐景公，田氏一族抚恤百姓，散发家财，田氏大斗出，小斗进（大斗借出，小斗还回），让借贷的人白占便宜，从而收买人心，未来田氏一定要篡权——接管齐国啊。

齐景公说，那我怎么办呢？

晏子说，你也跟他争民心，你也给百姓恩惠，这样民众就跟着你了。就是有十个田氏，也抢不过去。（实际上，一百年后，田氏代齐。）

韩非子针对这事，批评了晏子的发言，说晏子给出的办法不好，不用这么麻烦。国君不处在自己的势上来诛杀那些擅自邀取民心的臣子，却要用厚德和恩惠来跟臣子一起赛跑，争夺民心，这就等于放弃了车马却追逐野兽啊。所以说，齐景公不知道用势。

韩非子接着又引用子夏的话来分析。子夏说："春秋时代，臣子杀掉国君，这样的事情有十多起。这不是一日闹起来了，都是长期积累，臣子势力逐渐发展，才形成的恶果。对于奸臣来讲，长期积累力量才能大，力量大才能侵夺国君权力，最后弑君。所以，明主应该及早了绝他们。"

韩非子说，如今田氏的乱子，就是逐渐发展起来的，但是国君没有诛杀他。晏子没有劝齐景公及早杀掉田氏，而说什么向民众施恩惠，结果导致齐景公的儿子齐简公被田氏杀死。所以，子夏说："善于使用势的人，要早早地在奸的萌芽状态，就除掉奸。"

通过以上韩非子本人的这些议论内容，我们就明白了韩非子说的势，其实就是权力。权力的本质是暴力。田氏搞的策略，只是收买人心，这是争取政治声誉，但这不属于国家权力或君主权力范畴，它们在权力面前，不堪一击。

齐景公想杀田氏，就借助权力杀了他，这不是基于法，而是暴力和个人权力，这就是韩非子说的势。他认为对付权臣，就得运用这样的势，不必像晏子说的搞争取民心那么绕。

所以，势就是权力。

怎么看待韩非子的这一观念呢？用势——权力来解决社会问题，这是可以的，但权力属于暴力，用得多了，效力就会减弱，势就逐渐变小——这是暴力运用的一贯规律。就像父亲有势，可以打孩子，但是打得多了，就不管用了，最后孩子一点也不怕他了，跟他断绝父子关系，他的势就归零了。

所以，在我看来，韩非子提出的法、术、势之中，势属于深层暴力性的，而法和术则是技术性的——是“讲理”的，能用讲理的方式博弈，就不要用暴力。可能正是因为这个原因，《韩非子》中出现的“势”字的频率不高。

这就像在企业内部，经理和员工博弈，能讲制度和技巧最好，不到万不得已不用开除的方式。这种方式是彻底运用了经理的势，但如果只是靠这个来博弈，那岂不是太技穷了。但是，有势作为后镇，表面的博弈规则和管理技巧也才能更加奏效。

第二十五章 问辩：怎么管理空谈理论的人

[原文]

或问曰："辩安生乎？"对曰："生于上之不明也。"问者曰："上之不明因生辩也，何哉？"对曰："明主之国，令者，言最贵者也；法者，事最适者也。言无二贵，法不两适，故言行而不轨于法令者必禁。若其无法令而可以接诈、应变、生利、揣事者，上必采其言而责其实。言当，则有大利；不当，则有重罪。是以愚者畏罪而不敢言，智者无以讼。此所以无辩之故也。

"夫言行者，以功用为之的彀者也。夫砥砺杀矢而以妄发，其端未尝不中秋毫也，然而不可谓善射者，无常仪的也。设五寸之的，引十步之远，非羿、逢蒙不能必中者，有常仪的也。故有常，则羿、逢蒙以五寸的为巧；无常，则以妄发之中秋毫为拙。今听言观行，不以功用为之的彀，言虽至察，行虽至坚，则妄发之说也。是以乱世之听言也，以难知为察，以博文为辩；其观行也，以离群为贤，以犯上为抗。人主者说辩察之言，尊贤抗之行，故夫作法术之人，立取舍之行，别辞争之论，而莫为之正。是以儒服、带剑者众，而耕战之士寡；坚白、无厚之词章，而宪令之法息。故曰：上不明，则辩生焉。"

[作者智解]

有人问："这些言辩怎么出来的？"（指各种混淆视听的说法。）

回答："都因为君主不明。"

"什么意思呢？"

回答说："在明主治理的国家，下达的令，是最尊贵的言辞，法是最合宜的行为标准。任何言行不合于法和令的，都要禁止。法令中没规定的，君主就听他的话，然后检验他的结果。如果按他说的办了，有大利，那就赏，没有达到他说的大利，就重罚。于是人们畏罪不敢乱说，也不敢欺骗。所以，在这样的国家里，没有什么言辩。

"言辞，是要以功用为靶子的。拿着箭乱射，总能射到点什么，但是不能算是善射，得有靶子，这样，不是后羿那样的神射手就射不中了。有靶子，才能判断谁射得好，谁射得坏。言辞也是一样，不以功用做靶子来检验它，它说得再头头是道，也是乱发的议论。所以乱世里的言谈，以难以让人听明白为高明，以博繁为有说服力，以标新立异为贤，以冲犯领导为了不起。

"君主却喜欢这种胡说八道，觉得它特别言辩，抬尊那种离群犯上吸引眼球的做法。于是，穿着儒服、带着剑的人就多起来了（议论之徒和侠客），好好种地打仗的人就少了，坚白、无厚这种话就多了（是名家的一些类哲学的思辨），而法令的影响小了。所以说，君主不明，于是下面人多辩。"

延伸论据：把空谈的人拉出来遛遛

总体意思是不看重说辞，而看重实际工作的成效。儒家的孔子也说希望"敏于行而讷于言"。

法家在选择干部时，不喜欢空有理论而没有实践经验的学者，而喜欢实践和考核选拔出来的人。韩非子讲过画鬼和画犬马的故事，生动地比喻了靠言辞忽悠君主就好像画鬼，无法评价，应该舍弃。有标准的考核办法，则是画犬马，这是可取的管理办法。法家主张看一个人的实际产出，而不是听他说了多少好听的大道理。

韩非子在《外储说左上·说二》中还讲了几个小故事来说明这一点，我们搬到这里说一下：

宋国的兒说，善于辩论，持“白马非马”的观点，把齐国稷下学宫的学士都给说败了。但是他乘着白马过关，这马照样还得上税（马得上关税），所以，他用些虚词，能说服一国之人，但是考其实情，连一个人都欺骗不了。

（这就是批评那些言谈玄远的人，说这些人的思辨，都是胡说、没用。）

好的箭，张弓去射，即便闭着眼睛乱射，箭头也能射中秋毫一样的小物体，但是很难第二次还射到它。这不能说叫善射，因为它没有一个恒定的衡量标准。假如设一个五寸的靶子，立在十步之外，那就只有后羿这样的神射手才能射到，因为这有恒定的标准。有度量的标准，就难了；没有度量的标准，那干什么都容易了。因为没有可度量的标准，所以辩士们就繁杂地乱说，好像都特有本事。假如设了标准举着，那这些人就怕了，不敢乱说了。现在人君听人谈论，不用度量来回应他们，而是喜好他们的精彩辩词，不用实用来判断，而只觉得他的行为好，这就是人君经常被人欺骗，而说者能到处骗到钱，得到钱财的原因啊。

有一个宾客，教燕王怎么才能长生不死，燕王就派人去学。结果没等开始学，这个宾客自己死了。燕王大怒，就把派去的那人杀了，嫌他没有及早学。燕王不知道这宾客是欺骗自己，而杀了去学的人，信不可能的事，还杀了无罪之人，这是燕王的不察啊。而且，连自己都做不到长生不死，还能教别人吗？

以上都是“专家”论说空虚谈辩，没有用的。

第二十六章
八说：八种沽名钓誉的人①

1 聪明人的信用问题

[原文]

为故人行私谓之“不弃”，以公财分施谓之“仁人”，轻禄重身谓之“君子”，枉法曲亲谓之“有行”，弃官宠交谓之“有侠”，离世遁上谓之“高傲”，交争逆令谓之“刚材”，行惠取众谓之“得民”。……此八者，匹夫之私誉，人主之大败也。反此八者，匹夫之私毁，人主之公利也。人主不察社稷之利害，而用匹夫之私誉，索国之无危乱，不可得矣。

智士者未必信也，为多其智，因惑其信也。以智士之计，处乘势之资而为其私急，则君必欺焉。为智者之不可信也，故任修士者，使断事也。修士者未必智，为洁其身、因惑其智。以愚人之所惛，处治事之官而为其所然，则事必乱矣。

[作者智解]

如果按世俗标准，那些对老朋友徇私枉法的人，被赞美，还把这种做法叫作“不弃”。但是，所谓的“不弃”，其实是官吏弄奸。世俗中，那些把

① 本篇是对世俗标准中一些受称道的人和学说进行批评，包括君子等八类人。

公家的钱分送给人，叫作“仁人”。其实，所谓仁人，是损耗公家财物。看轻禄位而重视养生叫作“君子”。但是，所谓君子，其实使得民众不肯为国用力。

照顾私交叫作“侠”，离世遁上叫“高傲”，违背法令叫“刚材”，施舍获得民心叫“得民”，这些都是奸人。所有这八种，都是匹夫受利，而互相赞誉，使君主受损害。

如果任用有智谋的人，有一个问题就是，有智谋的人未必诚信。因为他们多智，太聪明了，他们处在权势上，没准就先顾自己的私利，这样国君就受欺了。那么用修士（修身之士）呢？他们倒是廉洁了，但是他们为了洁身自好，而使自己的智谋受到影响。用这样的愚蠢的人来治理官事，则官事一定乱。（有能力的人，往往不好管；老实的人，往往没能力。）

延伸论据：多智的乐羊不如可信任的秦西巴

什么是有智谋的人往往不诚信呢？什么是廉洁的修士呢？我们可以看一下乐羊和秦西巴的故事。

乐羊替魏文侯攻打中山国，中山国的人把他儿子抓了起来，后者正在中山做官，然后把他儿子煮了，并把肉装了一杯子，给乐羊送去了。乐羊选了个舒服的地方，把这一杯都给喝了，然后把杯子交给使者。这样做的好处是士气上压倒了敌人，算是心理战吧。最终乐羊攻克中山。魏文侯听说之后，感叹说：“乐羊为了我把他儿子吃了。”

大夫堵师赞则摇头说：“他能吃自己的儿子，那他谁不能吃？”意思是，将来也能吃您。

魏文侯赏赐了乐羊的功劳，但是心中开始疑他，不再任用他了。

堵师赞并不是进谗言，他说得有一定道理的。这个故事想说明的就是业绩和品德的矛盾。虽然乐羊做出了巨大的业绩，但是过程中缺乏人伦的爱，暴露出了品德上的可怕，那么别人包括领导，肯定是怕这样的人。连自己儿子的肉都敢吃，那未来也会吃国君的肉啊。能欺骗客户，那未来也可以欺骗我。

鲁国的上卿孟孙带着一家人打猎，抓了一只小鹿仔，叫秦西巴用车装着拉回去。秦西巴驾着车往回走。而母鹿恋恋不舍，就在后面跟着小鹿，跟着这车。秦西巴更有人情味，一看，自己不能禽兽不如啊，于是就把那小鹿放了。

孟孙回来，一问小鹿，秦西巴说："我实在不忍心，就叫老鹿把它领回去了。"

孟孙大怒，把秦西巴驱逐出国了。后来，孟孙要给自己的儿子找个老师，这也算是个肥差了，又把秦西巴从国外叫回来了，让他当了世子的老师。别人问，为什么提拔这个驱逐犯啊。孟孙说："这个人，不忍于害小鹿，怎么会忍心害我的儿子？"

秦西巴的故事说明"巧诈不如拙诚"。前面提到的乐羊很有智慧，而秦西巴突出的地方是拙诚。拙诚却获得信任，乐羊则得不到信任。所以，善智谋的人是得不到信任的。因为你对敌人巧诈多谋，焉知不会对主子巧诈多谋。这就是韩非子说的，智士未必诚信。（韩非子得出这个观点，主要是为下面的技术性推论服务。）

2 不要指望他人的自觉

[原文]

任智则君欺，任修则君事乱，……明君之道，贱得议贵，下必坐上，决诚以参，听无门户，故智者不得诈欺。计功而行赏，程能而授事，察端而观失，有过者罪，有能者得，故愚者不任事。智者不敢欺，愚者不得断，则事无失矣。

[作者智解]

既然有智谋的人未必诚信，廉直的人未必有本事，那该怎么任用他们呢？办法是，君主要允许下层的人揭发上一层，然后进行客观判断，这样，智士（有智谋的人）就不能欺骗君主了。计功行赏，因能授事，考察赏罚，这样愚笨的人也就不会当上官了。智者不敢欺，愚者不得断，事情就好了。

（这里，韩非子说的下级揭发上级，实际就是告密。韩非子主张告密和揭发，撇开道德因素考量，告密之类的办法确实是博弈中的策略。比如两家企业竞争，约好都不许甩卖，如果一方偷着做，那另一方怎么办呢？

企业的做法是对消费者宣称：你在哪里能低于我价格两成买到，我就给你报销。这其实是把消费者发展成了监督者和告密者，通过他们发现B企业偷着甩卖的行为。有了这种“告密者”的监督，那么B企业就不敢甩卖了。告密，就是博弈中的惩罚和报复作弊者策略。

在上下级之间，在竞争团队之间，使博弈对手相信自己身边坐着的，包括潜在的告密者，无疑可以促使他减少违约和背叛，从而促成合作型博弈。）

3 君主不能只会仁义

[原文]

明其法禁，察其谋计。法明则内无变乱之患。……仁者，慈惠而轻财者也。……慈惠，则不忍；轻财，则好与。……故仁人在位，下肆而轻犯禁法，偷幸而望于上。

尽思虑，揣得失，智者之所难也；无思无虑，挈前言而责后功，愚者之所易也。明主虑愚者之所易，不责智者之所难，故智虑力劳不用而国治也。

［作者智解］

明主要明其法禁（法令），监察下属的计谋。把法令宣导得很清楚，就没有变乱之患了。仁者，为人慈惠而出手大方，他心软，经常饶恕有罪的人，好施舍，赏赐无功的人。所以，仁人当了领导，下面人就轻易地敢于犯法，侥幸逃避惩罚。

（这是讲，使用法术中的法时，关键在于公正，但是领导的仁义，却和公众有悖，就会扭曲法令。可以举一个例子。魏惠王是个仁慈的领导，曾有一个卖卦的人给他算卦，说他“慈惠”。魏惠王大喜，说：“那我将来功业能有多大？”

“功业吗？只能亡国。”

魏惠王大惊，为什么？

“人一旦慈，就不忍诛杀，饶恕那些有过错的人。而惠，就是慷慨大方，又导致您赏赐那些没有功劳的人。所以，能不亡吗？”

这就是说，仁义的人，实际上会破坏赏罚的规矩，对不该赏赐的人进行赏赐。）

即便聪明的人，也做不到穷尽心思去考虑，揣度得失。但是，根据他前面的话，来验证他后面的行为和成果，就是傻子也能办到。所以明主要用傻子都觉得简单的东西，这样不费智力思虑，就能治好国家。

（这句是说要运用法来检查是不是贤人。如果你拿一个能力评价表，包括品德项，找二十个领导给他打分，那也没有用，也不可能评价准。而你给他一个任务，让他干干，检验结果，就可以评价他的能力了。

这人自吹能力强，可以干大事，结果干不出来，那就检验出了他的伪诈，就要弃掉这个人。“按他前面说的话，来检验他后面的行为和结果”，实际上就是让臣子自己定指标。从博弈的角度来讲，就是建立信任和合作的态度，但是保留对背叛者进行制裁的权力，以此促进博弈的均衡点的合作。）

4 过于依赖亲近者

[原文]

治国是非，不以术断而决于宠人，则臣下轻君而重于宠人矣。人主不亲观听，而制断在下，托食于国者也。

今生杀之柄在大臣，而主令得行者，未尝有也。虎豹必不用其爪牙而与鼷鼠同威，万金之家必不用其富厚而与监门同资。有土之君，说人不能利，恶人不能害，索人欲畏重己，不可得也。

人臣肆意陈欲曰侠，人主肆意陈欲曰乱；人臣轻上曰骄，人主轻下曰暴。行理同实，下以受誉，上以得非。人臣大得，人主大亡。明主之国，有贵臣，无重臣。贵臣者，爵尊而官大也；重臣者，言听而力多者也。明主之国，迁官袭级，官爵受功，故有贵臣。言不度行而有伪，必诛，故无重臣也。

[作者智解]

治理国家大事，自己不亲自裁断，而是让宠信的人来拿意见，那么臣子就看轻国君，而看重那宠信的人了。人主如果不亲自观听，而叫下面的人来决断，人主就成了寄食于这个国家的外人了。

生杀之柄握在大臣手里，君主的命令就不能得到贯彻。虎豹不用其爪牙，那就跟鼷鼠一样了。万金之家不用他的财富，就跟看门的水平一样了。

拥有国家，喜欢谁却不能提拔他，厌恶谁又不能惩罚他，还要别人怕他，那是不可能的了。

人臣很任性，就叫作“侠”；君主很任性，就叫作“乱”。二者虽然实际相同，但下面人得到的是赞誉（叫侠），君主得到的是非议。人臣得到利益，于君主则是损失。

明主之国，有贵臣，无重臣。贵臣，就是官爵很高的大官；重臣，就是全他说了算的。明主之国，大家依次升官，因功授爵，所以有贵臣（贵臣不是重臣）。说的话不合乎法度，并且伪诈，就一定要诛杀，这样就不会有重臣（指权臣）。

延伸论据：西门豹被迫讨好近臣的机理

以上两段，说的是君主要自治，不能把权力借给臣子。关于这个，可以看西门豹的故事。

西门豹当邺县县令，清心寡欲，秋毫无犯，对左右也严格约束。国君的左右近臣于是都一起说他的坏话。等年底考核的时候，国君就把他免职了。西门豹请求：“我以前不会治理，现在会了，再让我试一下。”魏文侯不忍心，就让他再试一下。

于是西门豹重敛百姓，拼命给国君的左右近臣分钱。到了年底，魏文侯专门嘉奖他。西门豹说：“我不干了。去年我为你治理邺城，可是你把我免官。今年我为你的左右治理邺县，结果你嘉奖我。我不能干了。”魏文侯赶紧道歉：“寡人以前不懂，现在知道了，你为我好好治理吧。”于是西门豹继续治理。

在这个故事里，西门豹的考核指标，应该由君主来评定。可却是左右近臣来评定。这相当于把干部的考核权，授予了左右近臣。生杀之柄给了近臣，君主就像虎豹被去除了爪牙，变成又瞎又无力的鼹鼠了。所以，应该也考核左右的近臣。

国君无暇考核每个县令，这是正常情况。国家大了，君主不可能一个个考核官员，总得授权给人去做。那么，就要对这些人也给予考核。换句话说，这些人背着同样的指标。如果一个副总级别的人，什么具体业绩指标都不背，还有权考核下面各个做业务的干部，那他就只有权力，没有责任，肯定滥用权力了。如果魏文侯的左右近臣，同样背着各个县的生产指标，那他们就不会胡乱评价吴起了。因为他们不傻。如果他们不能有效、公正地激励下属，那他们就完不成自己的指标。

所以，国君魏文侯这里的问题是，他的左右近臣，自身没有指标。这也是近臣的特点，是近臣的标志。所谓近臣，就是得到君主信任，不用被考核的人。可见，考核必须是全面的。

第二十七章
八经：博弈的八个原则

1 因情：赏罚的制定要符合人性

[原文]

凡治天下，必因人情。人情者，有好恶，故赏罚可用；赏罚可用，则禁令可立而治道具矣。君执柄以处势，故令行禁止。柄者，杀生之制也；势者，胜众之资也。……是以明主不怀爱而听，不留说而计。……赏莫如厚，使民利之；誉莫如美，使民荣之；诛莫如重，使民畏之；毁莫如恶，使民耻之。然后一行其法，禁诛于私家，不害功罪。赏罚必知之，知之，道尽矣。

[作者智解]

治天下，要顺着人情。人情，都喜欢奖赏而厌恶惩罚，于是君主就可以运用赏罚来调动他。这样就能把君主的要求和意愿给执行下去了。君主拿着生杀予夺的权柄，这就有了势，就能令行禁止。如果君主跟下面人一起拿着这权柄，威严就被分掉了。

明主听下面人说话时，不要怀着个人的喜爱或者憎恶。听别人说的，但不知道用事实去验证，权力就会被奸人分去。

赏要厚，使民众觉得有利可图，奖励的时候还要给予赞誉，使民众看重这光荣；诛罚要重，使民众畏于干坏事，谴责要严厉，使民众耻之。然后一切按法来办，禁止大臣私家来进行赏罚。赏谁罚谁，君主一定要自己知道，这样才掌握了所有的道。

延伸论据：周文王把善归于自己，把恶归于上级

本章强调赏罚的作用，同时强调赏罚一定出自君主，不能出自臣子，也就是他最后说的“禁止大臣私家进行赏罚”。我们举一个周文王的例子。

周文王在陕西岐山的时候，侍奉商纣王，非常雅逊。纣王高兴了，赏赐给他千里之地。周文王则拜首而推辞说：“我不要土地，希望用于换得您给民众去掉炮烙之刑。”

炮烙是纣王设的一种严酷的刑罚。于是纣王就按周文王的要求，把炮烙之刑废止了。

周文王不是不想要千里之地，他为民众请求去掉炮烙之刑，是要得民心啊。得民心胜过千里之地，所以说文王聪明啊。

去掉炮烙这种严酷的刑罚，这对于民众来讲是一个福利，属于赏。但是这个赏来自周文王，这样势必给大臣带来声誉，而君主不落好。周文王的这种做法，在韩非子看来是一定要禁止的。按韩非子的意见，赏罚的权柄应该来自君主，不能被臣子攫取。而周文王正是通过这么做，收获了人心，最终战胜和取代了商纣王。

赏罚，是势（权力）的表现形式。大臣掌握了赏的权力，就是把善归于自己，把恶归于国君。

2 主道：君主开会的规则

［原文］

力不敌众，智不尽物。与其用一人，不如用一国，故智力敌而群物胜。是以事至而结智，……一听而公会。听不一则后悖于前，后悖于前则愚智不分；不公会则犹豫而不断，不断则事留。自取一，则毋道堕壑之累。故使之讽，讽定而怒。是以言陈之日，必有策籍。结智者事发而验，结能者功见而谋成败。成败有征，赏罚随之。事成则君收其功，规败则臣任其罪。

故其用人也不取同，同则君怒。使人相用则君神，君神则下尽。下尽，则臣上不因君，而主道毕矣。

［作者智解］

靠君主一个人的智力，是敌不过群臣和民众的。一个人的智力，不可能把握所有事物的。所以上等的君主是叫别人把智力发挥到极致，下等的君主是靠自己的智力发挥到极致。

（意思是说，君主不自己思考，而是用大家的智力。）

君主应该叫臣子挨个发言，独自一一听取下臣的意见，再集中在一起讨论。如果不是单独一一听取意见，就直接公开讨论，那么臣子在公开发言的时候，就会附和别人的发言和意见，从而改变自己原本的想法，这样就看不出谁傻谁聪明了。最后召集公开讨论也是必要的，没有公开讨论，就会犹豫不定，不好决策。（因为前面一一单独听取，不知道谁对，公开讨论，互相批评，可以判断哪种意见最好。）

（总结起来，就是跟下属开会时，叫下属发言，先单独一一听取意见，然后再公开讨论，从而分析出最优的。）

在讨论的时候，最后选中臣子的一种说法，一定要当场记录下来，未来好据此追究责任或给予奖励。如果成功了，就对那人进行奖励；失败了，就追究这个臣子的责任。君主并不亲自用自己的智力，而是这样使用众人的智力。事成则君收其功，事败则臣任其罪。

并且，使用众人的智力时，一定要让臣子的意见尽量互不相同。如果在公开讨论或一一单独听取时，臣子的意见都相同，君主就要斥责他们，使他们尽量发表各自不同的想法。大家各不相同，君主就显得高深莫测，而下属就各尽其能。下属各尽其能，就不会揣测顺应君主的心思，也不会利用君主的想法谋私，这样君主之道就完备了。

延伸论据：汉武帝开会的技巧

总结起来就是，在公开讨论定出办法的时候，是谁提的，要记录下来，作为奖惩依据。大家发表意见时，要尽量叫他们各不相同，不能只附和别人意见。我们举一下汉武帝的案例。

田蚡和魏其侯窦婴都是汉武帝的大臣，俩人互相有矛盾，互相指责对方。俩人都是皇亲国戚，其中田蚡是汉武帝更近的亲戚。

上朝商议，裁决两人的对错。魏其侯和田蚡先后发言，指责对方的过错。汉武帝问大臣们的意见。御史大夫韩安国说："魏其侯说得对。田蚡说魏其侯跟奸猾的人交往，侵害小民，家资巨万，这么说也是对的。只有皇上裁决了。"这话其实说得模棱两可。

汲黯则赞同魏其侯，内史郑当时也是赞同魏其侯，后来又不敢坚持了。其他大臣，都不敢发言，说没有观点。

汉武帝当场怒斥内史郑当时，说："你平时每每对我说魏其侯和田蚡谁好谁坏，可是今天当庭讨论，你却局促，效法车辕下的马驹（风使舵，变来变去），你再这样，我把你们这种人都给斩了。”

汉武帝下朝之后，最终做了决策，判处魏其侯有罪。这里的重点是，汉武帝叫每个人都发言，对于唯唯诺诺，不肯明确表态的，他还当场斥责。这就是韩非子说的“尽量叫他们各不相同，不能只附和别人，或者顺着君主意见，否则就斥责他们”，也就是说，这种开会讨论，一定要每个人都充分客观地发言。那些因为心里有顾虑，于是表面敷衍不说真实意见的，就要斥责，这样才能叫真正的讨论。汉武帝的这一做法，是值得肯定的。

3 起乱：与六种人的博弈对策

［原文］

乱之所生六也：主母，后姬，子姓，弟兄，大臣，显贤。任吏责臣，主母不放；礼施异等，后姬不疑；分势不贰，庶适不争；权籍不失，兄弟不侵；下不一门，大臣有拥；禁赏必行，显贤不乱。臣有二因，谓外内也。外曰畏，内曰爱。所畏之求得，所爱之言听，此乱臣之所因也。外国之置诸吏者，结诛亲昵重帑，则外不籍矣；爵禄循功，请者俱罪，则内不因矣。外不籍，内不因，则奸究塞矣。官袭节而进，以至大任，智也。

其位至而任大者，以三节持之：曰质，曰镇，曰固。亲戚妻子，质也；爵禄厚而必，镇也；参伍责怒，固也。贤者止于质，贪饕化于镇，奸邪穷于固。忍不制则下上，小不除则大诛，而名实当则径之。生害事，死伤名，则行饮食；不然，而与其仇：此谓除阴奸也。翳曰诡，诡曰易。见功而赏，见罪而罚，而诡乃止。是非不泄，说谏不通，而易乃不用。

父兄贤良播出曰游祸，其患邻敌多资。僇辱之人近习曰狎贼，其患发忿疑辱之心生。藏怒持罪而不发曰增乱，其患侥幸妄举之人起。大臣两重提衡而不踦曰卷祸，其患家隆劫杀之难作。脱易不自神曰弹威，其患贼夫酖毒之乱起。此五患者，人主之不知，是有劫杀之事。废置之事，生于内则治，生于外则乱。是以明主以功论之内，而以利资之外，故其国治而敌乱。即乱之道：臣憎，则起外若眩；臣爱，则起内若药。

[作者智解]

乱子产生于六个方面：主母，后姬，子姓，弟兄，大臣，显贤。

任用官吏，督责臣子，这样主母就不敢放肆。要搞出等级和礼数，这样夫人和小妾就避免矛盾。分出不同的势，这样长子和庶子就有了区别，避免庶子产生野心。自己握紧权力，弟弟们就无法侵权。

不要把权力授给私门，这样大臣就无法壅蔽主子。赏罚必行，这样能人就冒出来了。国君一般都害怕外国诸侯，喜欢自己的近臣。权臣就会勾结外国，以及讨好近臣，近臣帮他美言。所以，外国安插在我们这里的官吏，一定要查处他们和大臣们的关系，这样大臣们不敢勾结外国了。

近臣说谁好或者坏，要进行考核，根据结果，对近臣进行连带处罚，这样近臣就不敢乱说了，奸臣也无路可走。

对于大官，有三个办法节制他：一是拿他的亲戚、妻子做人质；一是给他高爵厚禄来稳住他；一是相互检验核对，严厉督责他。那些贤能的，妻子被控制成人质，他们就不敢干坏事了；那些贪婪的，给了他爵禄也就知足了；那些奸邪的，进行检验督责，也就不敢为非了。

在一些事情上容忍，不忍心处罚，下面就会犯上。小事不惩罚，闹大了就得发展成重罪诛杀，这样更不好。一些坏人，杀了他会影响君主声誉，留着又坏事，就在饮食中下毒，毒死他，或者叫他的仇人暗中刺杀他。

君主对臣子，有功就赏，见罪就罚，臣子就不敢诡诈。君主在商量事时不要表露自己的倾向，不要把别人的意见泄露出来，这样臣子想随机应变蒙蔽君主，就不容易了。

国君的父兄臣子出亡到别的国家，叫作“游祸”，因为他们会帮助别的国家来害国君。

惩罚了谁又留他在身边当近臣，也是不好的，因为他会挟忿报复。

君主对某个人有意见，有怒气，还表露出来了，但是不行动（悬怒），这样也是不好的。因为臣子发觉了，就会铤而走险，刺杀君主。所以应该抓紧处理，不能悬怒。

君主同时任用两个势均力敌的大臣，也是不好的，可能会发生劫杀君主的事。废置官吏的事，由自己决定，就安全；由外面人影响和决定，就会乱。

奸臣会通过外国诸侯来游说君主，使君主目眩，也可以通过君主的左右近臣，来蒙蔽君主，使君主受伤，好像吃了毒药一样。

延伸论据：公子宋先发制人的博弈

关于不能悬怒，就是指君主和臣子之间发生了矛盾，君主就要先下手为强，除掉臣子，不能耽搁。

先下手为强，只适用于单次博弈，不适用于重复博弈。如果是一锤子买卖，那么先发制人，就能占优势。而重复博弈的话，“偷袭”就要被指责为背叛，从此在未来的重复博弈中被人提防，效应减损了。关于这个，可以说一下郑灵公和公子宋的故事。

公元前 605 年，郑灵公继位。楚庄王送给郑灵公一只大鳖，表示祝贺。

郑国这里，公子宋和公子家走到宫门口时，公子宋的食指突然跳动了几下。他对公子家说：“我的食指在跳呢。前一次它跳，随后就吃到了稀罕物，这次肯定又要有稀罕异味吃啦。”

俩人进宫以后，果然看见厨房门口绑着只大鳖，大厨师正要解鳖呢。两人相视而笑。郑灵公看他俩笑，于是问笑什么。

公子宋说了刚才的情况。郑灵公就说："对，是要吃大鳖了。"

等郑灵公赐群臣吃饭的时候，他故意给大家分鳖羹，到了公子宋那里，就分完了。郑灵公哈哈大笑。当众出丑的公子宋腾一下子就站起来了，跳到装鳖汤的大鼎旁边，拿手指在汤里一抄，举起来嘬了一口，然后气囔囔地跑出去了。

公子宋翻脸，跑回家生气。他的举动属于无礼，也怕郑灵公找他算账，索性伙同公子家，杀了郑灵公。

在这个故事中，公子宋和郑灵公因为吃鳖，已经闹出了矛盾，公子宋先下手为强，杀了国君。而郑灵公在戏耍了公子宋，而且公子宋怒气冲冲做出染指的举动后，还大大咧咧，不知防范，也不知谋划处死公子宋，结果导致自己丧命。

这就是韩非子说的不能悬怒。"怒"这个东西，如果产生了，一定要尽快反应，尽快处理。长期搁置，肯定会遇到机会而发酵，带来恶果。

4 立道：监察之术

[原文]

参伍之道：行参以谋多，揆伍以责失。行参必折，揆伍必怒。不折则渎上，不怒则相和。折之征足以知多寡，怒之前不及其众。观听之势，其征在比周而赏异也，诛毋谒而罪同。言会众端，必揆之以地，谋之以天，验之以物，参之以人。四征者符，乃可以观矣。参言以知其诚，易视以改其泽，执见以得非常。一用以务近习，重言以惧远使。举往以悉其前，即迩以知其内，疏置以知其外。握明以问所暗，诡使以绝黩泄。

[作者智解]

要综合多种渠道，对下属进行检验，这叫作参互。进行参互检查的时候，一定要细致。不细致，臣子就会蒙蔽上级。通过参互检查，才能知道下属做出的成绩是高是低。对于下属的过失，要严厉斥责，不严厉斥责，臣子就会互相勾结。发现下属之间互相结党比周，就赏赐那些跟他们对立的人。下属之间相互勾结，不主动告发对方，出了事，对不举报的人也进行惩罚。

臣子说了什么话，就根据他实行起来的多方面情况来验证，包括通过事来验证，通过人来验证。对于派往远方的使者，要用狠话威胁他，强调要禁止什么。通过跟下属详细交谈他以往的事情，来了解他的过去；通过紧密接触，来了解下属的内心想法；通过安排他在外独立做事，来了解他的客观能力和忠诚。

握着自己知道的东西，来问对方，从而加以判断。通过"诡使"来杜绝臣子为奸（诡使前面说过，就是君主了解一些东西，诡诈地说给臣子，使得对方认为君主明察一切，比如黄牛犊吃麦苗的事件）。

延伸论据：裴宽败给权臣李林甫

参验，就是下属说了什么，一定要找多个人互相对证，避免被他们欺骗。通过质问多个不同的人，从而取得真相，避免被蒙蔽，这就是韩非子说的"三伍参验"，也就是多人参验。

君主不能明察，我们举个例子。

户部尚书裴宽是个人才，被唐玄宗所看重，李林甫担心他会被任命为宰相，就来害他。当时一个大臣叫裴敦复的，去讨伐海贼，回来之后，请裴宽在皇帝面前多说几句好话，夸大一下军功。裴宽接受了请托。李林甫知道后，对裴敦复说："裴宽只是稍微提了一下你的战功，没有替你多说什么。"

裴敦复很不高兴，当即就说："裴宽以前为了亲戚的事，托我给帮过忙。"李林甫就撺掇说："那你快把这个上奏皇上。"于是裴敦复把这个举报给了唐玄宗。唐玄宗当即把裴宽贬为睢阳太守。就这样，李林甫把能力比较强，原本得唐玄宗看重的裴宽也给踢出局了。

在这里，因为唐玄宗不知道互相叫人来参验，偏听偏信，于是就犯了大错，被李林甫迷惑。

参验，比如某个大臣对你说什么什么，然后别的大臣能告诉你实际情况是什么，这就是三五参验，君主因此避免信息遮蔽。再举一个栾盈的例子。

栾盈是晋国的卿。栾盈的妈叫乐祁，乐祁跟家臣长私通，把栾家的财产都给划拉到自己娘家去了。栾盈为此很愁闷，想着怎么处置乐祁。

乐祁怕儿子栾盈惩治自己，就跑回娘家，对老爸范宣子说栾盈的坏话："栾盈要造反了。他觉得你害死了他父亲栾黡，还说：'我爸爸死了，范家越来越富。范家害死了我爸，还专擅国事，我哪怕死也不能跟着他。'"

范宣子听闺女这么说，就信了，认定栾盈要作乱，要造自己的反。于是，范宣子派出士兵，驱逐了栾盈。栾盈作为报复，发动政变，最后失败被杀。

范宣子听了闺女的挑拨，应该找别人去核实情况，调查属实了再说怎么办。但是他也没去核对，而是轻易就相信了。这就是韩非子说的，明君要三五参验。

［原文（续）］

倒言以尝所疑，论反以得阴奸。设谏以纲独为，举错以观奸动。明说以诱避过，卑适以观直谄。宣闻以通未见，作斗以散朋党。深一以警众心，泄异以易其虑。似类则合其参，陈过则明其固。知罪辟罪以止威，阴使时循以省衷。渐更以离通比。下约以侵其上：相室，约其廷臣；廷臣，约其官属；军吏，约其兵士；遣使，约其行介；县令，约其辟吏；郎中，约其左右；后姬，约其宫媛。此之谓条达之道。言通事泄，则术不行。

[作者智解]

故意把自己的观点反着说给臣子，来判断臣子是不是忠心。设置谏官，来制约大官。明确地公布法令，来避免臣子犯错。假装卑下地去跟臣子交流，来观察他们是正直还是谄媚。

把自己掌握的东西大张旗鼓地宣扬出去，来震慑隐藏的奸邪之事。挑起朋党内部的争斗，从而分裂他们。深入调查一件事，来警告震慑众人，使他们不敢在别的事上为非。把别人的不同观点泄露出去，来震慑他们，使他们放弃作恶。

批评下属，要把引发他错误的思想根源给说出来。偷着派出使者到地方上巡查，从而了解他们的内情。逐渐更换一些官吏，从而使朋党集团逐渐离散。跟他下面的人联手，来侵夺控制他。

要控制相国，或者是要处置相国，就联合相国下面的廷臣。要控制廷臣，就联合和拉拢他下面的属官。要控制军吏，就联合他下面的士兵，要控制使者，就联合他的随从人员。要控制县令，就联合他所辟的官员。要控制郎中，就联合他的左右。要撤换这些人，也是如此。这些都要高度保密，否则这些术就行不通了。

（以上都是韩非子的中国式博弈的具体博弈策略，每条都曾经在本书中谈到过，这里做了总梳理。）

5 类柄：巧用检举揭发

[原文]

明主，其务在周密。是以喜见则德偿，怒见则威分。故明主之言隔塞而不通，周密而不见。

故以一得十者，下道也；以十得一者，上道也。明主兼行上下，故奸无所失。伍、闾、连、县而邻，谒过赏，失过诛。上之于下，下之于上，亦然。是故上下贵贱相畏以法，相诲以利。

[作者智解]

明主，一定要周密。如果表现出自己喜欢谁，臣子就相应去照顾奖励那个人，则君主的恩德就被臣子分去了，臣子落了人情（被下属去卖了好）。如果表现出厌恶谁，臣子就相应去处理那个人，这样君主的权威就被分去了。所以明主应该隐藏自己的好恶，不表露出来。（这里说得非常明白，也很实用了。）

所以，一个人去盯十个人，这是下策；十个人盯着上级一个人，这是上策（具体办法就是揭发监督，就能达到这个效果）。明主兼行上下策，人就没有奸行了。对于伍、官、连、县各层级单位，横向进行告发。告发正确，就赏赐，谁犯了事，平级的没有告发，就处罚。上级对于下级，下级对于上级，也是如此。这样，上下之间就会相约一起守法，互相告诫从而不受处罚。这样君主才能成功。

延伸论据：江乙为什么能逃避惩罚

江乙出使去楚国，对楚王说：“臣进入大王的境内，听说楚国的风俗叫‘君子不蔽人之美，不言人之恶’，国中有这个吗？”楚王说：“有。”江乙说：“那么，我如果撒谎，也不会有人揭发我，我也可以免去死罪了。”

这说的就是楚国的风俗，不言人之恶，那就是不许互相揭发了。于是江乙有罪，也不会被发现和追究。

6 参言：识破和检验他人

[原文]

听不参，则无以责下；言不督乎用，则邪说当上。言之为物也以多信，不然之物，十人云疑，百人然乎，千人不可解也。呐者言之疑，辩者言之信。奸之食上也，取资乎众，籍信乎辩，而以类饰其私。人主不餍忿而待合参，其势资下也。

有道之主听言，督其用，课其功，功课而赏罚生焉，故无用之辩不留朝。任事者知不足以治职，则官收。说大而夸则穷端，故奸得而怒。无故而不当为诬，诬而罪臣。

凡听之道，人臣忠论以闻奸，博论以内一，人主不智则奸得资。明主之道，己喜，则求其所纳；己怒，则察其所构；论于已变之后，以得毁誉公私之征。众谏以效智故，使君自取一以避罪，故众之谏也败。君之取也，无副言于上以设将然，今符言于后以知谩诚语。明主之道，臣不得两谏，必任其一语；不行擅行，必合其参，故奸无道进矣。

［作者智解］

听下属讲什么，但不多方找人参验，就不能督责下属。不能督责，下属就靠吹嘘和邪说来蒙蔽上级。语言这种东西，说多了人就信了。不可能的事情，十个人都这么说，你就有点疑惑，一百个、一千个人都这么说，也就只得相信了。（三人成虎的故事。）

不善于言辞的人，他说的东西，大家就倾向于不信。善辩的人说的，大家就会觉得他说得对。奸邪的人能欺骗上级，靠的就是众人都帮着他这样说，以及他特别善于言辩，用类似的东西来装饰自己的私欲。君主不去检验，就等于被他骗了。

有道之主怎么检验他们呢？就是督察他们这么办的实际效果，检查最终功效，然后进行赏罚。这样，那些无用的瞎话，就不会存活了。如果他说的都是大话，根本没有效验，那就要斥责他。如果他构成欺骗了，那就治罪。这样进行检验，那么朋党们众口一声的言辞，就不会冒到君主那里了。

判断下属说得对不对的办法，就是叫臣子们广泛地开展讨论，叫忠臣从中发掘出奸私的东西提出来，最终进行判断。英明的君主，听了令自己高兴的话，就更要小心，要分析这人说这个的动机。如果这话令自己生气，就要分析它的实质。等自己喜怒平静之后，再判定这话是公正的还是出于私利的。

臣子提建议的时候，会这么做，就是给出多种选择叫君主从中选一个（把问题留给领导，让领导决策），这样他自己就可以避免责任。这种模式必然对公事不好。国君应该不允许他说了一种办法，又说另一个办法也可能行，而要他说出办法后，用事实检验他说的是有效的还是欺骗的。明主之道，就是不许臣子同时提出两个办法，而只许臣子选一个报上来，然后用事实检验，这样奸人就没有办法实行自己的奸计了。

7 听法：给下级的权力以多少为适度

[原文]

上暗无度，则官擅为；官擅为，故奉重无前；则征多；征多故富。官之富重也，乱功之所生也。明主之道取于任，贤于官，赏于功。言程，主喜，俱必利；不当，主怒，俱必害；则人不私父兄而进其仇雠。

势足以行法，奉足以给事，而私无所生，故民劳苦而轻官。

爵禄，所以赏也。……赏誉不当则民疑，民之重名与其重赏也均。赏者有诽焉，不足以劝；罚者有誉焉，不足以禁。

[作者智解]

君主昏庸，没有法度，官员们就会擅自行动，并且捞很多好处，这样民众的负担就加重了，而官员越来越富。所以，官员又富又贵，是出乱子的根本。所以明主要善于选人。下属推荐人，这个人选是君主满意的，也是别人满意的，那就同意。这人选令国君不高兴，别人也不高兴，那就斥责他。（意思是，他推荐的人，是他的私党，则对立的朋党的人自然不高兴。如果他推荐对立朋党的人，那自然都高兴。）这样，官员就不敢照顾自己的父兄私人，而推荐自己的仇人了（意思是推荐对立朋党的人）。

对于臣子来讲，权力够他完成他的职事就可以了，俸禄足够他生活，这样他就不能为自己聚敛私财，不至于使民众劳苦而轻视官员。

爵禄，是用来赏赐的。给予他的赏赐、好的名声，一定要和他的实际相当，否则，就会令大家疑惑。赏的标准一定是他对国家做了有利的事情，给他好的名声，也是因为他对国家或君主有价值。赏和好名声，罚和坏名声，一定要匹配，这样才能有调动作用。如果是该赏的人却给他坏的名声，该罚的人却又被赞誉，那么赏罚就不足以劝善和禁奸了（比如说帮助人该奖励，但又笑话这样的人是傻子，这样就不足以劝善了）。

8 主威：什么权力不能给下属

［原文］

民以制畏上，而上以势卑下，故下肆很触而荣于轻君之俗，则主威分。民以法难犯上，而上以法挠慈仁，故下明爱施而务赇纳之政，是以法令隳。尊私行以贰主威，行赇纳以疑法。

明主之道，臣不得以行义成荣，不得以家利为功，功名所生，必出于官法。法之年外，虽有难行，不以显焉，故民无以私名。

设法度以齐民，信赏罚以尽民能，明诽誉以劝沮。名号、赏罚、法令三隅。故大臣有行则尊君，百姓有功则利上，此之谓有道之国也。

［作者智解］

民众因为受制所以畏惧君主，但是君主放下自己的威势，臣民就以轻视国君为风俗了，那君主的威严就分掉了。法是制约民众不敢犯上的，但君主听人的说教去搞什么仁慈，从而宽驰法令，那么下面的人就会争着要君主施惠给他们，还到处行贿受贿，这样法令就败坏了。容忍臣子出于个人私欲的行动，君主的威严就下降了，容忍下属受贿，法就无效了。

明主之道，臣子不得靠着所谓的道德来获得尊荣，不得图谋私家利益来当作立功。给他的功名，一定是出自法令体系。在法令以外，即便他有难能可贵的行为，也不能叫他有名，这样民众就不会为了务求私名而行动了。（指社会价值观要纳入国家体系，主要是指譬如侠客以违法为勇，人们还赞美他，这就不好了。）

设法度就是为了整齐民众的。赏罚公正从而使民众尽其所能，并且给出相应的美誉或批评指责。所以，名号（精神上的美誉或批评）、赏罚、法令，这三者要匹配。大臣和民众都是为对国家和国君有好处而行动，这才是有道之国。

（以上的八节，都是教君主怎么与臣子博弈的，把臣子肚子里各种可能的弯弯绕，都暴露了出来。当下属为了私人名誉或者私家利益，把它包装成为国家利益而提出来时，君主该怎么参验和识破，也在上文说了。）

第二十八章
饬令：看行为，不看言辞

1 说空话却蒙到了奖赏

[原文]

朝廷之事，小者不毁，效功取官爵，廷虽有辟言，不得以相干也，是谓以数治。以力攻者，出一取十；以言攻者，出十丧百。国好力，此谓以难攻；国好言，此谓以易攻。

[作者智解]

朝廷根据功劳来授爵，这样治理很省事。人们也不要花言巧语地辩说，国家就有了力量，对外战无不胜。一切根据功劳，即便这人特别能说，那也啥都不给。靠力气去进攻，出去一个可以得到十个，用言辞来进攻，出去十个丧失百个。所以，国家拥有力量，就成功，如果有的只是虚言，那就失败。

延伸论据：武则天赏赐花言巧语的人

要看实际行动和结果（功劳），而不看空言和巧言。一些人说得让人无法反驳，但实际没有意义，也没有价值。

唐朝武则天在位的时候，吏治混乱，朝廷随心所欲地封人做官。有的人为了讨好武则天，就进献祥瑞，说这是吉祥的东西，获得了官职。这种情况非常之多。比如有人说自己梦见武则天能活八百岁，于是这个人被封了官。有人梦见皇帝武则天老牙掉了又长出了新牙，于是被封为郎中。

有人在洛水中找到带有红色斑点的白石头，当作祥瑞进献朝廷，也等着封官。宰相们诘问他。他回答说："这块石头是一片赤心，所以来献。"宰相李昭德呵斥他："这块石头一片赤心，洛水中其他的石头难道都是反贼吗？"左右听到的人都笑。

这些都是以虚言、空言来得到赏赐，而没有实际功劳。那些花言巧语的人，不过是说了君主爱听的话，替君主的观念去辩论，就得到奖励。如果总是这样，那么，干实事的人就寒心了。

2 少错重罚是好的博弈策略吗

[原文]

重刑少赏，上爱民，民死赏；多赏轻刑，上不爱民，民不死赏。利出一空者，其国无敌；利出二空者，其兵半用；利出十空者，民不守。重刑明民，大制使人，则上利。行刑，重其轻者，轻者不至，重者不来，此谓以刑去刑。罪重而刑轻，刑轻则事生，此谓以刑致刑，其国必削。

[作者智解]

把刑罚做重，而赏赐定得少，这样民众就会为了赏赐而拼命。赏多而刑罚轻，那么民众就不在乎赏赐，也不会为了赏赐而拼命（因为赏赐给得很轻易）。利禄从君主一个人这里出来，那么国家无敌。利禄从君臣两个人那里出来，那么国家的兵力就只剩一半的效用（另一半为私人服务了）。利禄从十个人那里出来，国家就无法自我防守了。

用重刑使老百姓明白法禁，用威势来役使人，这是最有利的。使用重刑，对轻的罪给予重的处罚，这样轻的罪也不敢犯，重的更不会发生，这就叫以刑去刑。如果重的罪却给予轻的刑，那么老百姓就敢于犯事，国家必然削弱。

（轻罪重罚，也就是重刑主义，这是韩非子的主张。如果把重刑主义作为法律学的指导思想，是有争议的。但是作为博弈策略，则可以运用，因为它不涉及法律公平。在商业重复博弈中，一旦发现竞争对手的恶意降价等违背约定的行为，就采取严厉的报复策略，是可取的。又比如，人际博弈中，一旦发现对方不诚实，就永久断交，都属于这种思路——轻罪重罚。这种“强硬者”策略是促成合作的有效策略。）

第二十九章
制分：告密的博弈

1 告密者的制衡

[原文]

且夫死力者，民之所有者也，情莫不出其死力以致其所欲。……上掌好恶以御民力，事实不宜失矣。

是故夫至治之国，善以止奸为务。……然则去微奸之道奈何？其务令之相规其情者也。……如此，则慎己而窥彼，发奸之密。告过者免罪受赏，失奸者必诛连刑。如此，则奸类发矣。奸不容细，私告任坐使然也。

[作者智解]

民众所拥有的，就是自己的力气，他愿意出死力来获得自己所欲望的东西。所以明君制定出利禄和刑罚，这样就可以调动和驾驭民力了。不搞法却想让民众为善，那是不可能的。

（国家通过赏，使得民众愿意效力，从而得到个人物质方面的积累，又为了躲避罚，不干坏事，这就是利用人的趋利避害来调动人。）

治国的要务，在于止住奸邪。怎么才能止住奸邪呢？就是叫民众互相窥探。简单说，就是对邻居们进行连坐。因为事情会连坐到自己身上，于是他们一定会互相窥探，发现了哪怕很小的奸邪，都会进行告发。这样，告发的人免罪还得赏，奸邪一定就能被禁止住了。

延伸论据：武则天怎么利用告密

这里说的就是鼓励互相揭发。检举揭发，它确实是一种博弈策略。有告密者的存在，避免博弈参与方的背叛行为。从这个角度来理解，鼓励告密不是为了惩戒那些背叛博弈规则的人，而是遏制、震慑对规则的背叛。我们说说武则天的例子。

垂拱二年（686 年）三月，武则天当了女皇，但并不安稳，还出现了贵族徐敬业举兵讨伐她的事。武则天心不自安，就下令在朝堂上设置铜匦（guǐ，一种铜铸的大匣子），分别接收歌颂君主、进谏、申冤、报告天象等各方面的奏疏，并且由专门的官员负责管理，形成制度。这可能是人类历史上最早的“意见箱”。

设计铜匦的是一个叫鱼保家的人。其实，徐敬业造反的时候，鱼保家曾经帮他制作过刀车和弩，不过事情没有暴露。但讽刺的是，很快有人向铜匦投书，举报鱼保家为叛军制作兵器。于是，武则天就把鱼保家杀了。

武则天鼓励告密，相应地任用酷吏，比如索元礼、周兴、来俊臣。武则天把政治性的案件都交给这帮人来处理。他们养了很多眼线，专门以告密为事。想要诬陷一个人，便安排数名眼线同时告发，所告内容全都一致。为了指导办案，来俊臣跟万国俊甚至一起编了一本叫《罗织经》的书。

来俊臣每次审讯的时候，根本不关心发生了什么事，逮着人，或往犯人鼻子里灌醋，或不给人饭吃，有的人饿得受不了。

另外还有衡水人王弘义，外号“白兔御史”。他有一次到地方上去，看到老百姓种的瓜，非要问人家要，瓜农不愿意给，他怀恨在心，跟当地的县令说，我在瓜田里看见了白兔。白兔在唐朝的时候是祥瑞，按照制度要上报，这是地方官的职责。县令派了一帮人去抓白兔，一顿乱踩，瓜田里的苗全都被踩坏了。

有乡间父老做宗教仪式，王弘义诬告他们聚众谋反，杀了两百多人。在这种情况下，朝臣都有种朝不保夕的感觉。每次上朝之前都要跟家人诀别，不知道还能不能再相见。

虽然告密有这么多的流弊，但是无论如何，它确实帮着武则天加强了自己的权威。等武则天的统治稳定下来，为了平息人们的冤屈，武则天又把这些酷吏杀了，就这样完成了一圈权力建设。韩非子也主张告密和揭发，但从武则天的例子中，也要看到这种做法的代价和弊端。

2 任数不任人

[原文]

夫治法之至明者，任数不任人。是以有术之国，不用誉则毋适，境内必治，任数也。……故有术之国，去言而任法。

[作者智解]

运用法令的最高标准，在于任数而不任人。有术的国家，不听人的虚名称誉，境内必然大治。所以，有术之国，去掉言而用法。

（根据事实而不是人情，不能因为这人特别积极用心，或者说得显得特别积极用心，就赏。因为假装积极，每次表决心都特冲动，但那只是演戏，实际啥也没干出来，这也不能赏的。有些人不爱说什么，但实际干得很好，根据事实来提拔和奖励。避免会哭的孩子有奶吃，把能说和能干的要区分开。这就是任数而不任人。）

后记：博弈不等于伤害

《韩非子》的主体内容解读完了。韩非子的思想相对于儒家、道家是实用的。那么，韩非子的思想有没有一以贯之的核心呢？有的，那就是以对抗促成合作。

首先，韩非子认为人性是很恶的。他举出很多例子，人为了达到目标会使用谗言、运用诬陷（像春申君的小妾那样用自己的身体诬陷别人），因为傲慢就厚待那些巴结奉承自己的人以满足虚荣心，出于贪欲就抢来权力成为“权臣”，为了少出力就靠着虚言空辩不劳而获。这是一方面。但人也是社会的生物，社会化的互利和秩序又是谁都渴望的。

韩非子给出的法的赏罚，目的不是使用刑罚伤害对方，从中获得快乐。他主张的不动声色的监察和信号博弈等术，不是出于整人的变态欲望。他强调牢牢地把握权力的势，也不是为了奴役别人。这些的根本目的，都是避免被人损害自己的既有合法权益，乃至保证双方有秩序地发展。本书的各种博弈，是通过博弈和制约，促成合作。

博弈从来不等于伤害和争夺，博弈是形成良序，是促成最优化地解决问题。当人性弱点导致利益冲突时，学会博弈才能保全自己、促成共赢，实现社会的可持续良性发展。博弈从来不是厚黑学，不是寻求利益转移，而是保全利益和使双方利益呈螺旋式上升的机制。

法、术、势等中国式博弈，经过两千多年的实践检验，给中国文明的兴发带来了坚固的框架和基石。让我们把韩非子的思路，在经济、社会、职场、家庭交友各领域进行辩证地体会和运用吧。相信这部流传两千多年的经典学说和其中蕴含的智慧，能给你带来很多思考和启发。